Youssouph Stev YOUM

La procréation médicalement assistée face aux exigences de la responsabilité éthique

Youssouph Stev YOUM

La procréation médicalement assistée face aux exigences de la responsabilité éthique

Éditions Croix du Salut

Imprint
Any brand names and product names mentioned in this book are subject to trademark, brand or patent protection and are trademarks or registered trademarks of their respective holders. The use of brand names, product names, common names, trade names, product descriptions etc. even without a particular marking in this work is in no way to be construed to mean that such names may be regarded as unrestricted in respect of trademark and brand protection legislation and could thus be used by anyone.

Cover image: www.ingimage.com

Publisher:
Éditions Croix du Salut
is a trademark of
Dodo Books Indian Ocean Ltd. and OmniScriptum S.R.L publishing group

120 High Road, East Finchley, London, N2 9ED, United Kingdom
Str. Armeneasca 28/1, office 1, Chisinau MD-2012, Republic of Moldova, Europe
Managing Directors: Ieva Konstantinova, Victoria Ursu
info@omniscriptum.com

Printed at: see last page
ISBN: 978-620-8-86348-7

PREFACE

La procréation médicalement assistée (PMA) : une thématique qui fait couler de nos jours encre et salive, et qui nous interpelle. Il s'agit de la vie, car c'est l'acte par lequel se fonde et se créée la vie humaine. Or sous l'effet des découvertes scientifiques et techniques qui ont pris une allure vertigineuse, cette vocation hautement humaine, traverse actuellement une tempête où, au nom de la vie, diverses idéologies tentent de développer des discours sans foi, ni loi.

La Vie est précieuse. Il est donc impératif de cultiver la vie, de promouvoir la vie, de protéger la vie et de défendre la vie. Mais alors, une question s'impose : jusqu'où peut aller cette culture de la vie. Et qu'elle est la place et le rôle de l'homme dans ce processus ? C'est d'ailleurs cette préoccupation déterminante que l'auteur de ce livre formule en des termes nuancés. Procréer ou fabriquer ?

Sous un autre regard, le motif qui peut aussi alimenter la question serait de faire face aux difficultés des couples désireux de concevoir et qui ne trouvent aucune alternative. En effet, nous comprenons aisément l'aspiration autrement légitime de ces couples désireux de concevoir pour la simple raison que, toute la consistance de l'homme dans le temps et dans l'espace se contient dans la génération. Cependant, cette soif de l'absolu de l'homme, qui se traduit par le désir de fécondité générationnelle, se trouve confrontée à la limite des facteurs qui déterminent son humanisation.

La dynamique constitutive des rapports entre liberté et vérité de l'homme, invite à plus de considération de l'homme comme être de besoin et de désir, mais aussi être de liberté et de volonté, être de responsabilité éthique, politique et juridique. Ainsi, la double contingence de l'homme se situe dans sa capacité à grandir et dans la conscience de ses limites.

Force est de reconnaitre que la problématique de fond des PMA, va au-delà des simples considérations de désir ou de besoin. C'est une question d'éthique, de responsabilité et d'humanité. L'auteur nous invite à distinguer l'agir de l'homme de l'agir humain. L'agir de l'homme est l'agir qui ne dépend pas de lui : avoir faim ou soif, être fatigué ou malade, mourir… L'agir humain quant à lui, nécessite l'implication des facultés humaines et spirituelles (la raison et la volonté).

Dans cette perspective, la responsabilité de l'homme reste intrinsèquement engagée. Car comme nous le savons, le choix n'est pas une indifférence, mais un acte découlant de la liberté et de la volonté. Fort convaincu de cela, l'auteur qui est aussi un pasteur consciencieux, se donne de la peine à expliquer l'enjeux des PMA dans le but d'aider ses lecteurs à avoir une claire vision de ses tenants et aboutissants. Pour choisir, il faut une connaissance simple (pure) de la chose et la fin se trouve dans le début. Et mieux encore, cette fin qui est déjà contenue dans l'intention, ne justifie pas les moyens.

Par ailleurs, il faut d'abord être conçu avant de naître. A ce titre la séparation de l'union et de la procréation ne peut être une valeur à promouvoir. La civilisation de l'artificielle aujourd'hui, en affectant l'horizon de la procréation a instauré une mentalité de fabrique de solutions aux problèmes que rencontre l'homme et cela, à tout prix. Une telle mentalité avec les pratiques qu'elle génère, hypothèque dangereusement l'avenir de l'humanité. Toute atteinte à la vie quelle qu'elle soit est une contre-valeur. Il faut considérer toutes les manipulations génétiques, procréations médicalement assistées, inséminations artificielles, fécondation in vitro etc. comme manipulatrices, chosifiantes, dégradantes et veiller au respect de l'intégrité de la personne humaine.

Le respect de l'homme ne peut se limiter à un secteur de sa vie. Il doit s'intéresser à la globalité de son être personne, de son intégrité physique, moral, spirituel etc. Pour tendre vers l'Absolu, il faut que l'homme soit intègre dans toutes les dimensions de son être.

Aujourd'hui il y a beaucoup d'ébranlement dans les valeurs et avec amertume et désolation, on constate des atteintes graves à la vie humaine. Comme disait Nietzsche « sous l'effet de la modernité, le monde s'est dépouillé de ses dieux et de son Dieu. Le divin s'est évanoui, tandis que l'univers devenait neutre, indifférencié ou encore désenchanté »[1]. Il en résulte beaucoup de dérives telle que l'élaboration d'un nouveau projet d'humanité et on assiste à l'éclipse des valeurs fondamentales qui structuraient de l'intérieur l'agir humain.

---

[1] F. NIETZSCHE, *Ainsi parlait Zarathoustra*, I, Œuvre philosophique complète, VI, Gallimard, Paris, 1971, 101.

Le cardinal Ratzinger soulignait cette impasse en ces termes :

> « La crise des valeurs humaines, à laquelle nous sommes aujourd'hui confrontés, a de multiples racines et de nombreux aspects. Mais elle trouve sans doute son expression la plus dramatique, un impact, un aliment et une acuité sans cesse grandissante dans la remise en question des valeurs ''de la vie de la personne humaine'' »[2].

Au regard des impertinences qui expriment une véritable distorsion des valeurs, s'impose la nécessité de redécouvrir la vérité de la sexualité et de la procréation. Il faut promouvoir une réflexion qui aide non seulement les croyants, mais aussi tous les hommes de bonne volonté, à redécouvrir la valeur de la vie humaine. C'est pourquoi, l'auteur brise le silence et invite sans ambages, à un haut sens de la responsabilité éthique les hommes et femmes d'aujourd'hui et de demain. Et selon le Pape Jean Paul II, la prise de conscience peut arriver par une reconsidération de la vocation de l'homme à partir de la sexualité, en écoutant la loi morale inscrite dans le cœur humain[3]. Une telle réflexion passe par l'évacuation de l'exaltation du laxisme et du relativisme par les idéologies hédonistes, pragmatistes et irresponsables vis-à-vis de la personne humaine et de la vie.

C'est pourquoi, par une éducation fondée sur les valeurs humaines, l'homme devra s'appliquer de façon responsable,

---

[2] J. Ratzinger, *Problèmes doctrinaux du mariage chrétiens*, Centre Cerf-aux-Lefort, 1979, 9.

[3] J. Paul II, Audience du 1er décembre1999 : D.C 2217 (2000), 15-16.

en y impliquant toutes ses ressources humaines, intellectuelles et spirituelles qu'il dispose pour répondre aux attentes de Dieu sur lui, dans sa vocation à la procréation. En recevant le pouvoir de nommer toute chose, l'homme a le devoir de gérer la création au mieux, lui-même y compris, pour la gloire de Dieu et pour son bien personnel.

Abbé Paul Macodou SENE,

Professeur vacataire de philosophie et de sociologie de la famille à l'université Cheikh Anta Diop de Dakar.

INTRODUCTION

L'avancée technoscientifique a « aiguillonné » le champ de la recherche et de la connaissance à un niveau d'autant plus spectaculaire qu'énigmatique. Nous-nous questionnons sans trouver de réponses adéquates et, d'une manière ou d'une autre, une inquiétude s'installe pendant que la prétention de poussée scientifique poursuit son chemin sans un recule assez suffisant ni une conséquente prudence. C'est un phénomène d'avancée exponentielle qui apprécie sur la *balance* de la raison humaine le progrès scientifique, technique et médical, la question de la place de l'homme, ou du *plus* de l'humanité, et aussi la puissance de faire et le retard d'anticiper les risques liés à ce qui est produit. Ainsi sommes-nous confrontés, avec beaucoup de parcimonie disons-nous, à une technique soucieuse de son progrès et « inconsciente » des risques escomptés.

Le progrès technoscientifique se comprend, dans le sillage cartésien, comme étant la maîtrise et la possession de la nature. L'homme doit être maître de cette dernière avec une capacité d'action, de modification et de manipulation à sa guise. Et l'humanité englobe tout aspect de l'être-homme, l'ensemble des hommes considérés comme un être et tout ce qui l'environne. L'humanité englobe alors l'être humain et son milieu, son vécu et son histoire.

Il appert à notre entendement que ce progrès scientifique suscite un questionnement équivoque car, au moment où l'on s'attarde sur des résultats exprimant une certaine nouveauté de la découverte scientifique, s'impose une question téléologique : un souci philosophique de la finalité de ce qui se trouve à la merci de l'homme. A vrai dire, le progrès scientifique n'est pas un mal en soi. Mais quand ce dernier compromet l'objectif premier de rendre la terre plus habitable, mettant en danger l'humanité présente et à venir, il devient impératif de s'interroger sur le sens profond de la valeur humaine et de l'humanité face aux problèmes que posent les découvertes de la science et de la technique. Il est même possible de cibler celles-ci en parlant de clonage, d'intelligence artificielle, d'euthanasie, de manipulations génétiques, d'organismes génétiquement modifiés etc. Roland SCHAER dira à ce propos que :

> « Nous avons développé, sans peut-être le savoir, un immense « corps socio-technique », de plus en plus « appareillé », qui transforme et globalise le métabolisme des vivants sur la planète en bouleversant les échanges de matière, d'énergie et d'information qui conditionnent le développement du vivant ».[4]

Cette problématique du développement du vivant, de sa perfectibilité[5], de sa dignité liée à sa nature-même face à l'apport de la science dans le processus d'appréhension du réel et de domestication de la nature, fait intervenir l'interrogation bioéthique : un concept qui attire l'attention sur le contraste qu'il y a entre la réussite scientifique et le retard

---

[4] Cf. article 6 leçons d'éthique, 10eme session *Un rendez-vous exceptionnel avec l'éthique en acte*, du 11 au 13 juin 2012 Espace éthique/AP-HP Mai 2012 www.initiative-ethique.fr, p.2.

[5] N. CLASS, « Perfectibilité ».

dans la perfection morale et spirituelle des hommes, en posant l'accent sur la valorisation de l'être humain. L'Homme est une valeur (disons une *histoire sacrée*). Ce principe ne doit être soumis à aucune discussion. La bioéthique étant un savoir basé sur la connaissance biologique et les valeurs humaines, le centre d'intérêt de la réflexion sera ainsi orienté vers la Procréation Médicalement Assistée (P.M.A).

En effet, la Procréation Médicalement Assistée (P.M.A) est un ensemble de pratiques cliniques et biologiques où la médecine intervient plus ou moins directement dans la procréation. Elle permet à un couple infertile d'avoir un enfant, grâce aux progrès de la recherche clinique et biologique.[6] Nous voulons nous intéresser au pouvoir de la technoscience, de la médecine moderne, à travers la méthode utilisée dans la P.M.A, pour la confronter à la question de la responsabilité. Axel Kahn fait savoir à ce propos que les pouvoirs nouveaux créent aussi des responsabilités nouvelles.[7]

Les motifs de cet intérêt à la responsabilité humaine en ce qui concerne la Procréation Médicalement Assistée sont clairs. On s'interroge sur des résultats scientifiques : sont-ils garants et bâtisseurs de l'humanité présente et à venir ? Quel est le sens de cette nouvelle humanité que fonde l'acharnement scientifique de la procréation ? Quelle serait son histoire ? La répercussion des philosophies dites matérialistes est mise en évidence parce qu'étroitement liées au développement

---

[6] cf. : « Qu'est-ce que la procréation médicalement assistée (PMA) ?»

[7] cf.: «PMA» https://www.radiofrance.fr/franceculture/podcasts/les-idees-claires/pma-quelles-limites-8264394.

scientifique et ses résultats. Jusqu'où l'homme doit-il arriver dans ses techniques d'apprivoisement de la nature ? S'il peut tout, est-il libre de tout entreprendre ?

La problématique est de type philosophique, mais elle est aussi une préoccupation biblique et pastorale car, comme le souligne saint Paul dans sa *Première lettre aux Corinthiens 10, 23* « tout m'est permis, mais tout n'est pas utile ». L'utile dans ce contexte prendrait en considération l'importance et la place centrale qu'occupe la dignité de l'homme. L'intrigue qui ronge la question serait de faire face aux difficultés des couples désireux de concevoir et qui ne trouvent aucune alternative. D'ailleurs, dans la pastorale juvénile, nombreuses sont des situations où la médecine semble ne trouver aucune solution à ce problème de procréation si non la seule issue des P.M.A. Alors que faire pour un couple profondément chrétien et qui ne recherche que la volonté divine en respectant les prescriptions de l'Eglise mais désireux de concevoir ?

Notre contribution cherche à apporter des éléments de réponses à ces inquiétudes assez pressantes pour les couples en passant par une méthode descriptive, argumentative et analytique. Il s'agira de sonder les conditions d'émergence de la P.M.A et sa pratique. Nous nous pencherons ensuite sur ses enjeux éthiques qui nous introduiront dans une analyse de la notion de responsabilité en lien avec cette pratique, à travers quelques penseurs comme Emmanuel LEVINAS, Hans JONAS, Roland SCHAER. Une note de rencontre « éthico-technique », de dialogue qui doit être véhiculée par l'éducation et soutenue par l'instance étatique serait pour nous une certaine prise de position et une proposition de perspectives. L'objectif étant de participer à un réveil social et à une prise de conscience collective sur les enjeux technoscientifiques face à la crise morale de notre époque. Aussi, la contribution pastorale s'inscrit dans un désir d'approcher l'amertume des jeunes couples soucieuses de satisfaire leur désir d'être parents biologiques.

Que cette approche puisse donc réveiller la sensibilité au respect de la vie dans toute sa vulnérabilité.

CHAPITRE I

L'EMERGENCE ET LA PRATIQUE DE LA PROCREATION MEDICALEMENT ASSISTEE (P.M.A)

> [26] Dieu dit : « Faisons l'homme à notre image, selon notre ressemblance. **Qu'il soit le maître** des poissons de la mer, des oiseaux du ciel, des bestiaux, de toutes les bêtes sauvages, et de toutes les bestioles qui vont et viennent sur la terre. » [27] **Dieu créa l'homme à son image, à l'image de Dieu** il le créa, il les créa homme et femme. [28] Dieu les bénit et leur dit : « Soyez féconds et multipliez-vous, remplissez la terre et **soumettez-la. Soyez les maîtres** des poissons de la mer, des oiseaux du ciel, et de tous les animaux qui vont et viennent sur la terre. » (*Genèse* 1, 26-28).

Cet extrait du livre de la *Genèse* dans la Bible relate la création de l'homme et de la femme et où le Créateur confia à l'homme un pouvoir immense de soumission de la terre et de tout ce qu'il contient. L'homme devient l'image du Dieu Créateur et jouie d'une domination sur l'existant. Mais est-ce du pouvoir de manipulation dont il est garant ? Comment en sommes-nous arrivés à cet état où la maitrise technoscientifique fait de l'homme le souverain de l'univers ?

Sommes toutes faites, les progrès de la science du vivant, de la vie et de la terre ont permis à l'être humain de connaître non seulement les mécanismes et les spécificités englobant de la vie, mais aussi et surtout de pouvoir les manipuler et les transformer au besoin. Nous assistons à une véritable révolution biologique ; révolution embrassant en son sein un caractère triple qui touche le technique, le politique, et le social. C'est une situation d'alerte qui ne peut rester sans conséquences, induisant ainsi le développement important de la science qui s'oppose à une lenteur de l'encadrement moral ou encore à un refus bien signifié par une politique toute puissante. Que ces avancées scientifiques aient un impact positif sur la santé du vivant, ils soulèvent également des problèmes sociaux et culturels voir religieux très importants qui nécessitent un encadrement éthique approprié et une pastorale rapprochée.

Il requiert d'interroger le passé afin de saisir la genèse de ce désir d'une puissance scientifique, médicale et technique. Nous ne cherchons pas à détailler la question mais une idée qui puisse nous conduire dans la réflexion afin d'éviter le risque de balbutiement.

I. CONTEXTE D'EMERGENCE DE LA P.M.A

Louise Brown fut le premier bébé issu de la fécondation *in vitro* en 1978 en Angleterre. Ceci marqua une nouvelle époque dans la recherche. Ainsi, en 2002, le nombre de bébés nés par procréation médicalement assistée serait compris entre 219 000 et 246 000, avec une augmentation dans le temps. Le taux de succès, selon la procédure, est compris entre 15 % (transfert d'embryon congelé) et 22 % (fécondation *in vitro*).[8] Cette nouvelle ère a tout de même connu un long processus d'expérience, d'expertise, de tentative et de murissement qui a conduit à l'émergence de la P.M.A. Où donc commencer ?

[8] International Committee for Monitoring Assisted Reproductive Technology, *World Collaborative Report on Assisted Reproductive Technology, 2002*, Human Reproduction, 2009, doi:10.1093/humrep/dep098

1. La Renaissance scientifique : maîtrise de la nature

Vers le début du 17ème siècle, la philosophie ayant la prétention de posséder la totalité du savoir dans la mesure du possible selon Aristote, va progressivement connaître une crise avec l'émergence du rationalisme et la rupture d'avec la tradition aristotélico-scolastique. La connaissance devient par là un mode de confirmation ou de réfutation objective. Il s'agit de mesurer les phénomènes, de les reproduire, de prouver de leur véracité ou de leur fausseté en conformité avec la réalité. C'est un type de preuve qui, comme le souligne Jean François Revel, « est apte à décider réellement de la vérité ou de la fausseté d'une proposition sans que cette proposition ne soit susceptible d'être, à l'infini, remise en question ». C'est l'apparition de la science en tant que savoir qui se constitue de plus en plus hors de la philosophie. Cette nouvelle époque du savoir scientifique est ponctuée originellement chez Francis Bacon, puis chez Descartes, qui pensent que seule la science nouvelle peut changer la face du monde. Cette science, combinée à la technique, constitue, selon eux, la seule puissance de l'homme[9] qui doit nous rendre comme maîtres et possesseurs de la nature.[10]

Ainsi, l'accroissement de la technique issue de la science nouvelle, son développement rapide, fera naître chez l'homme une confiance inouïe en pouvoir d'agir et de créer, de modifier et de supprimer. Ce pouvoir humain de vouloir agir et créer trouvera, avec l'influence du darwinisme[11], un saut considérable dans le domaine de l'anthropologie raciale bien

---

[9] Cf. Henri Arvon, *La philosophie du travail*, PUF, Paris, 1964, pp. 9-10

[10] cf. : « Maîtres et possesseurs de la nature »

[11] Le darwinisme est, au sens strict, une théorie avancée en 1859 par Charles Darwin dans son célèbre ouvrage *De l'origine des espèces*, selon laquelle l'évolution du règne animal reposerait sur un principe, à l'époque inédit, de sélection naturelle.

développée en France et en Allemagne au 19ème siècle. Le repère temporaire sera la Première Guerre mondiale avec l'effondrement des droits humains. A cause d'une certaine liberté et d'une autonomie de la recherche scientifique, l'homme devient un moyen pour assouvir des idéologies politiques. La science, par sa technique, semble ainsi légitimer la « perfection » de l'être et la recherche de « l'homme-dieu ». Michel Thibon-Cornillot donne quelques détails de cette idéologie scientifique et politique dans son article « Respect éthique, biologie et médecine » :

> « Au nom d'une « certaine autonomie de la recherche scientifique » et de l'idéologie politique du nazisme, un pont s'établit rapidement entre médecins, anthropologues, psychiatres, d'une part, et les responsables de l'Etat nazi, d'autre part. Une telle collusion permit l'adoption de mesures discriminatoires dont les principales sont les suivantes : « loi pour la protection contre les malformations héréditaires », imposant la stérilisation pour « les idiots de naissance, les schizophrènes, maniaco-dépressifs et les alcooliques » (14 juill. 1933) ; « loi pour la protection du sang allemand et l'honneur allemand », interdisant les mariages et les relations sexuelles hors mariage entre juifs et citoyens allemands (15 sept. 1935) ; stérilisation des enfants allemands métissés (printemps de 1937) ; discussion, au sein de la Commission pour le bien-être, d'une « loi sur les asociaux » en vue de leur stérilisation et de leur incarcération dans les camps de concentration (19-20 août 1938) ; lettre de Hitler autorisant l'euthanasie dans les cas de maladies incurables (1er sept. 1939) ; établissement des premières listes de malades mentaux à supprimer (oct. 1939), premières exécutions de malades mentaux allemands et polonais (3 janv. 1940) ;

> recours au monoxyde de carbone pour de telles exécutions, plus de 70 000 malades mentaux devant mourir ainsi, entre juin 1940 et septembre 1941, dans des asiles ou des camps [...] ».[12]

A partir de ces considérations historiques, l'évolution des perfectionnements humains sont mis en cause et, ces perfectionnements aboutiront par influencer le système procréatif. D'ailleurs, après la seconde guerre mondiale, l'évolution technique de la fécondation se réalisera par l'invention de divers appareils tels que les microscopes optiques et électroniques, les appareils de micromanipulation etc.[13] La vision mécanique du monde gagne de plus en plus les esprits et la naissance de la génétique moderne doit être comprise en correspondance à l'acceptation d'une mathématisation du vivant.[14] Cette vision historique de maîtrise biologique trouvera aussi des retombées dans le désir de résolution de la stérilité ou encore de maitrise de la procréation. C'est une anthropologie évolutive et révolutionnant qui commence à émerger, bouleversant ce que, jusque-là, était considéré comme la norme d'une société qui vit avec des hauts et des bas. C'est un aspect d'évolution historique qui trouve bien un écho dans la société et sur le plan anthropologique.

2. Aspects socio-anthropologiques : résoudre le problème de la stérilité

« Soyez féconds, multipliez-vous, remplissez la terre et soumettez-la » (*Genèse 1,28*). C'est ainsi que Dieu a béni les

---

[12] Michel Tibon-Cornillot, *Respect éthique, biologie et médecine in* Encylopœdia universalis, *Paris, 1990, Symposium, « L'homme en question »,* p.55.

[13] *Ibidem*, p.56.

[14] Cf. revue catholique internationale, Communion, ''Biologie et morale'', IX, 6 novembre-décembre 1984, p.5.

couples, depuis la création, en les invitant à participer à cette dernière. Il apparait comme une tendance naturelle et spontanée pour un couple de vouloir se prolonger.[15] La fécondité et les enfants sont ainsi des signes de son succès. Le manque d'enfants dans un couple devient une préoccupation fondamentale d'ordre anthropologique car, dans le règne animal par exemple, le male, dans sa structure, a toujours besoin de propager ses gênes et la femelle, de veiller à la qualité de sa progéniture. Ainsi, par analogie, « quand la grossesse désirée ne vient pas, il est normal de se préoccuper de savoir pourquoi elle ne se produit pas ».[16]

La stérilité est donc cet état où le couple ne porte pas de fruit et n'arrive pas à agrandir son foyer en procréant. C'est là que la science, dans la logique de possession et de domination de la nature, intervient par des méthodes diverses de procréation artificielles. Ceci dénote que la vie demeure une réalité précieuse à assumer, à protéger, à sauvegarder, à promouvoir et à perpétuer. Il faut assurer sa croissance et sa continuité, son histoire et sa généalogie. Dans ce contexte, la procréation possède un rôle décisif pour assurer au vivant la sécurité de la vie future ; car la naissance d'un enfant représente l'addition d'une force vitale à la vitalité de la famille. Malheureuse la femme stérile, car son incapacité à mettre au monde un enfant est, dans certaines cultures, pire qu'un meurtre ; elle est considérée comme l'impasse de la vie humaine, non seulement pour la lignée généalogique, mais aussi pour elle-même. Considération assez désolante que Michel Legrain illustre bien en disant : « la maternité représente pour elle un véritable accomplissement physique et

---

[15] Cf. J. Mac Avoy, *Pour mieux aimer*, collection Foyers, B.P., Paris, 1959, p.40

[16] *Ibidem*, p.131.

psychologique : elle a souvent plus besoin d'être mère que son mari d'être père ».[17] Ainsi :

> « Vivre, c'est persévérer dans l'être par la grâce divine et avec la complicité des ancêtres. Il faut, pour ce faire, se nourrir convenablement et renforcer son *nyàma* par la communion sacrificielle. Mais vivre c'est aussi continuer dans l'autre, c'est-à-dire dans les enfants, biens plus précieux qui soient ».[18]

Il existe alors une pression sociale de procréer qui pousse l'individu à tout mettre en œuvre pour éviter et/ou soigner la stérilité. En Afrique traditionnelle par exemple, la protection des femmes enceintes est tout un art rituel qui commence dès la conception. La femme devait suivre un certain nombre de pratiques afin de pouvoir concevoir normalement. C'est comme un besoin pressant, une nécessité de résoudre le problème de la stérilité qui est perçue comme une malédiction. Il faut la vaincre à tout prix. Armel Duteil et Simon Sarazin nous donnent quelques détails de guérison dans leur livre, *Un amour qui donne la vie.*[19]

Considérant, comme l'affirme Michel Legrain, que l'avenir de toute naissance est la mort, nous avons besoin de nous projeter corporellement dans un autre (l'enfant).[20] Ainsi, l'homme et la femme, étant des êtres sexués, sont nécessairement reproducteurs.[21] Cette nécessité, combinant avec la pression sociale, pousse le couple à vouloir se

---

[17] Michel Legrain, *Le corps humain, du soupçon à l'évangélisation,* le Centurion, France, 1984, p.83

[18] Louis Vincent Thomas et René Luneau, *Les sages dépossédés*, Robert Laffont, Paris 1977, p.36.

[19] Cf. Armel Duteil et Simon Sarazin, *Un amour qui donne la vie*, Corlet Paris, juillet 1984, p.24.

[20] Cf. Michel Legrain, *op.cit*, p.80.

[21] Cf. Axel Kahn, *Et l'homme dans tout ça ?* Paris, Nil, 2001, p.196.

prolonger et/ou obtenir un enfant à tout prix. Et, si la science/technique a toujours la prétention de la possession et de la maîtrise de la nature, la question de la stérilité ne doit pas échapper à son pouvoir. Des mécanismes seront mis en œuvre pour répondre au besoin d'une humanité qui, peut-être, pleure son mal-engendrement. La révolution biologique transformera donc la vie d'un couple stérile et procurera des réponses au désir d'obtenir un enfant qui, par ailleurs, devient comme un endettement psychique : il faut payer sa dette en donnant la vie. Et l'on dit bien souvent qui paye ses dettes s'enrichit. La richesse demeure alors dans le prolongement sa lignée.

3. La dette psychique de sang : besoin de se prolonger

La dette de sang est le sentiment douloureux d'interrompre une lignée de sang. Elle est aussi appelée dette de génération. Ce sentiment d'une rupture généalogique persiste dans l'esprit de la personne qui nourrit profondément le désir de s'en acquitter. Des situations de dette de génération ou de sang nous sont livrées dans la Bible et dans de nombreuses autres religions et cultures. C'est le cas d'Abraham qui s'est uni à sa servante pour pouvoir se donner une descendance du moment où sa femme, Sara, ne concevait pas (*Genèse* 17). L'exemple le plus parlant que nous voulons exploiter ici pour montrer le poids du désir de se prolonger ou de prolonger sa lignée, son sang est celui de Lot et de ses filles :

> « Loth monta de Çoar pour loger à la montagne, et ses deux filles l'accompagnaient. Il craignait en effet d'habiter Çoar et il logea dans une caverne, lui et ses deux filles. L'aînée dit à la cadette : « Notre père est vieux et il n'y a pas d'homme dans le pays pour venir à nous selon la coutume du pays tout

> entier. Allons ! Faisons boire du vin à notre père et nous coucherons avec lui pour donner vie à une descendance issue de notre père. » Elles firent boire du vin à leur père cette nuit-là, et l'aînée vint coucher avec son père qui n'eut conscience ni de son coucher ni de son lever. Or, le lendemain, l'aînée dit à la cadette : « Vois ! J'ai couché la nuit dernière avec mon père. Faisons-lui boire du vin cette nuit encore, et tu iras coucher avec lui. Nous aurons donné vie à une descendance issue de lui. [...]»[22]

L'acte des filles de Loth est loin d'être moralement acceptable à cause de l'inceste, mais leur intention « noble » vient à ''annuler'' cet acte parce que d'une part, il ne fallait pas perdre la génération, et d'autre part, face au don de la vie, l'homme est appelé à transmettre cette même vie reçue. La personne est endettée rien que par le fait d'être né. La dette ici régit les relations humaines ; et payer ses dettes relève du devoir moral.

Ainsi la dette structure-t-elle la vie de l'individu en tant qu'il est mortel, aussi en tant qu'il est lié à ses ancêtres et à sa descendance. Existant, l'individu est héritier d'une lignée de personnes. Par conséquent, il se doit de transmettre cet héritage. C'est donc dans un souci de continuité et de durabilité sociale que cette pression psycho-sociale habite la conscience de ce dernier. Cela a fait écrire le sociologue britannique Geoffrey Ingham que « la dette primordiale est celle que doute l'être vivant à la continuité et à la durabilité de la société qui protège son existence individuelle ».[23]

---

[22] Genèse 19, 30-38

[23] David Graeber, *Dette. 5000 ans d'histoire, Les Liens qui Libèrent*, 2013. Charles MALALOUD, article Dette (Anthoropologie), dans Encyclopedia Universalis, 2014. In http://www.leconflit.com/article-dette-fondamentale-dette-primordiale-122397722.html

Par analogie, nous constatons que la société exerce une pression sur l'individu. Nous naissons dans une société à laquelle nous devons beaucoup et presque tout. Veiller à la continuité de cette société est un devoir, un *passif* à rembourser. Le besoin d'enfant s'installe alors à tout prix. Marcus Ndongmo soulignera à ce propos que :

> « [...] la dette est le moteur de la socialisation. Nul n'y échappe et chacun en entretient le cycle infini, car chacun commence par être débiteur avant de devenir à son tour créancier. La communauté vous fait comprendre par tous les moyens que votre réussite dépend d'elle et que vous devez par conséquent en payer le prix ».[24]

Voilà qui exprime clairement la situation de dette de génération en se basant sur la culture africaine.

Ce besoin pressant de léguer une descendance en tant que membre d'une société, besoin combiné avec le désir de résoudre la question de la stérilité, et les progrès de la science dans le souci d'atteindre *l'homme-parfait*, poussent au désir de vouloir un enfant vaille que vaille. Ne pas honorer cette dette de sang ou de génération, apparait non seulement comme une désocialisation, mais aussi comme un retard dans l'acceptation des avancées scientifiques. L'homme se surpasse de façon exponentielle et nous assistons à ce que l'on pourrait appeler le transhumanisme.[25]

---

[24] Marcus Ndongmo, « La dette : moteur de socialisation en Afrique noire » in Cahier de l'UCAC n°12, Yaoundé, 2011, pp.57-74

[25] Nick Bostrom, « A history of transhumanist thought », *Journal of Evolution and Technology*, vol. 14, n° 1, Avril 2005. Le transhumanisme est un mouvement culturel et intellectuel international prônant l'usage des sciences et des techniques afin d'améliorer les caractéristiques physiques et mentales des êtres humains. Le transhumanisme considère certains aspects de la condition humaine tels que le handicap, la souffrance, la maladie, le vieillissement ou la mort subie comme inutiles et indésirables. Dans cette optique, les

De l'avancée technoscientifique à la question psychologique de la dette de sang en passant par le besoin social de la résolution de la question de la stérilité, nous constatons des conditions favorables permettant une manipulation de l'être dans la procréation. La complexité de ces conditions devrait donner place à une suspension du jugement du moment où nous semblons verser dans l'incertitude. Cependant, le besoin de puissance et la quête permanente d'un progrès scientifique sont, d'une certaine manière, inscrits dans le sens de l'humain. Alors, nous allons nous intéresser maintenant à la méthode de la procréation médicalement assistée dans un sens où nous voulons, avec une approche simple, comprendre le processus.

II. METHODES DE P.M.A : "Pro-Créer" ou Fabriquer ?

La considération historique de ce qui constitue le déclic sur la procréation médicalement assistée nous amène à l'évaluation de quelques méthodes de la pratique de la P.M.A. Nous ne prétendrons pas à un travail détaillé dans ce contexte mais plutôt un point de vue sommaire, nous permettant d'avoir une idée plus ou moins heuristique de la question.

Il existe plusieurs techniques. Cherchons dans quelles conditions se déroulent ces interventions et ainsi donner sens au concept « procréer » : s'agit-il d'une *pro-création* au sens pure du terme c'est-à-dire d'une *participation* à la création divine, à l'œuvre de Dieu dans le monde, ou d'une « fabrication » dans le sens de manier, de manipuler et de produire, par le pouvoir scientifique ? Que dire !

---

penseurs transhumanistes comptent sur les biotechnologies et sur d'autres techniques émergentes. Les dangers comme les avantages que présentent de telles évolutions préoccupent aussi le mouvement transhumaniste.

1. Insémination artificielle (I.A) et Fécondation in vitro (FIV)[26]

L'insémination artificielle consiste au dépôt instrumental du sperme dans les voies génitales féminines en l'absence de l'acte matrimonial. Il existe cependant l'insémination artificielle dans le couple (I.A.C) et l'insémination artificielle avec donneur (I.A.D). Le premier, encore appelé *insémination homologue* consiste à recueillir le sperme du mari à la suite de masturbation et à faire pénétrer les spermatozoïdes dans l'utérus de l'épouse pour pouvoir la féconder. L'I.A.C est conseillée par les médecins dans les cas où le sperme du mari contient trop peu de spermatozoïdes et a besoin d'être centrifugé[27] en vue d'être condensé. Aussi, si des difficultés physiologiques rendent difficile l'accomplissement de l'acte sexuel, cette méthode est considérée comme alternative. Dans le cas où le mari est atteint d'une maladie grave dont la thérapeutique risque de le rendre stérile, on lui propose alors de déposer son sperme dans une banque. Il pourra ainsi l'utiliser en temps opportun quand il voudra un enfant.[28]

Dans le cadre de l'insémination artificielle avec donneur (I.A.D), encore appelée *insémination hétérologue,* le sperme du géniteur n'est pas celui du mari, mais d'un donneur connu ou inconnu. L'I.A.D. est envisagée d'un point de vue médical,

---

[26] Pour des détails sur les méthodes de PMA cf. : J. NORIEGA BASTOS – R. ECOCHARD – I. ECOCHARD, éd., *Dizionario su sesso, amore e fecondità*, 343-348.

[27] La centrifugation est un procédé de séparation des composés d'un mélange en fonction de leur différence de densité en les soumettant à une force centrifuge. Le mélange à séparer peut-être constituer soit de deux phases liquides, soit de particules solides en suspension dans un fluide. L'appareil utilisé est une machine tournante à grande vitesse appelée centrifugeuse. Cette technique fait partie des opérations unitaires en génie des procédés.

[28] Cf. Xavier Thévenot, *La bioéthique. Début et fin de vie,* Centurion, Paris 1989, p.12.

surtout quand le mari a une stérilité grave considérée comme irréversible.[29]

Outre ces techniques de procréation par insémination artificielle, il existe la fécondation *in vitro* comme autre pratique. Cette pratique médicale touche beaucoup plus les femmes qui ont une stérilité tubaire, c'est-à-dire des stérilités ayant pour origine une maladie des trompes. La fécondation de l'ovule par le spermatozoïde ne peut pas se faire à l'intérieur de la femme ; on la réalise alors en éprouvette (*in vitro*) :

> « On prélève un ovule mûr sur un ovaire de la patiente, on le met en présence du sperme du mari ; la fécondation s'effectue ainsi in vitro. En trois jours, l'œuf se divise en deux, puis quatre, puis huit cellules. C'est à ce stade que l'embryon est placé dans l'utérus maternelle, où il se fixe au cours des jours suivants ».[30]

Qu'est-ce que toute cette méthode peut nous dire aujourd'hui face à question récurrente de responsabilité sociale, morale et spirituelle ? L'analyse, avec beaucoup de prudence et de retenu, parce que sensible du fait du désir intense de porter un enfant, nous donnerait une vision large des conséquences, des risques et de l'interrogation téléologique. Prudence donc à ne pas verser dans le jugement de valeur et dans la condamnation hâtive.

---

[29] *Ibid.* p.15.

[30] Jean Marie Moretti, « Procréation : Nouvelles techniques », in *Etudes*, décembre 1984, n° 6, p.610.

2. Analyse de la question de la P.M.A

L'objectif recherché dans les techniques de procréation médicalement assistées est l'amélioration des connaissances sur la procréation afin de résoudre le problème de la stérilité.

L'insémination artificielle (I.A) permet de contourner les problèmes liés à l'éjaculation, à la glaire cervicale : tout ce qui empêche les spermatozoïdes de bien circuler, de même que certaines infertilités inexpliquées.

La fécondation *in vitro* (F.I.V) elle, donne de contourner les problèmes liés à l'absence de rencontre entre ovule et spermatozoïdes ; problèmes de trompes notamment.

C'est ici une appréciation de taille qui, sans doute, ne relève pas de nos compétences, vue qu'elle touche le domaine de prédilection de la médecine. Cependant, nous nous questionnons sur l'essence réel de ces techniques biomédicales face à la valeur (*vertu*) de la procréation ; au fait de participer à l'œuvre créatrice de Dieu par l'acte matrimonial. Quel sens prend le concept de *pro-créer* quand on décide de « faire un enfant » ? En effet :

> « Une plus grande maîtrise technologique de la reproduction humaine paraît faire évoluer la sexualité dans un sens plus relationnel que procréateur, et cette évolution contribue à son tour à l'apparition de comportements sociaux nouveaux [...] qui, malgré leur caractère minoritaire, ne peuvent manquer de poser des questions au moraliste ».[31]

D'un point de vue anthropologique, procréer suppose un ensemble de désirs. Celui d'aimer, le désir d'être aimé, le

---

[31] Georges Chapouthier, « Ethique biologique et médicale » in Encyclopédie philosophique, les thèmes, p.135.

désir de « prendre son conjoint ou d'être prise » par lui, le désir de jouir, le désir d'être enceinte, le désir d'avoir un enfant, le désir de se prolonger charnellement, le désir de prolonger le lignage, le désir d'accoucher, le désir d'avoir cet enfant-là issu de ce rapport sexuel, le désir d'être éducateur ou éducatrice.[32] Ces désirs sont étroitement liés et constituent un tout dans l'acte de procréation. Un acte de foi et d'espérance qui appelle à se jeter dans le temps. Une espérance qui dure et qui parfois dépasse nos attentes humaines. Un acte qui parfois prend du temps et va au-delà des attentes chronologiques. Il apparait alors comme d'une participation « en faveur de quelqu'un » (du conjoint ou de l'enfant), d'où un acte d'hospitalité : « [...] Mettre un enfant au monde, ce n'est pas s'enfermer dans la réalisation d'un besoin programmé, c'est parcourir un chemin surprenant d'hospitalité [...] ».[33]

L'hospitalité revient alors à l'acceptation de l'hôte qui vient en s'ouvrant aux différences et en les recevant telles qu'elles nous adviennent. L'hospitalité arrive à mettre en relation des personnes ou groupes de personnes qui empruntent ensemble un chemin de dialogue basé sur la réceptivité. Recevoir comme d'un don laisse entrevoir cette possibilité de ne rien maitriser du fait que le don vient de l'extérieur et nous l'acceptons ainsi.

La P.M.A, ne prenant pas en compte tout ce cheminement des désirs, écarte la possibilité du don, de la donation et tombe dans la manipulation, la sélection, la fabrication comme d'une production commerciale si cela n'est pas trop exagéré. En réalité, bien que l'image apparaisse assez indiscrète, cet acte du génie médicale renvoi à une manière de

[32] Cf. Xavier Thévenot, *op.cit.* p. 78-81.

[33] *Ibid.* p.86.

prendre de la matière brute et de la modeler à sa guise. C'est ainsi que la P.M.A., en commençant par des techniques qui puissent permettre aux couples d'optimiser leur fécondité, finit toujours par la vérification qui recherche et met entre parenthèses les malformations.[34] C'est ici que nous percevons l'opposition entre procréation et fabrication. Les frontières du naturel et de l'artificiel se brouillent et laissent un doute sur l'attitude idéale. Et dès que l'esprit est dans une situation imprécise, les bonnes décisions ne se distinguent pas totalement des mauvaises.

Notons au passage que les facultés génératrices de la personne humaine ont une mission de grande importance : mettre au monde d'autres êtres humains. La simple utilisation de ces dernières comme moyens d'assouvir ses besoins de puissance, serait un énorme rabaissement de leur dignité.

Retenons donc que par la P.M.A, nous sommes en présence d'une humanité plus soucieuse de ses performances techniques que de son développement moral. Nous assistons en effet à une imperfection de l'objet technique, et son usage par le pouvoir humain nous conduit à la crise du progrès, pour utiliser les propos du philosophe Roland Schaer[35] lors d'une de ses conférences sur la responsabilité.

L'artificialisation de la procréation humaine obnubile l'homme qui ne peut plus se consacrer au développement intégral de son être. Or l'homme est un être inachevé d'où l'exigence de se perfectionner dans le domaine de la morale. L'efficacité technologique doit être utilisée à bon dessein, c'est-à-dire à des fins dignes de l'humanité, car le risque est

---

[34] *Ibid.* p.84.

[35] Roland Schaer est un philosophe, enseignant au Département de recherche en éthique à l'université de Paris Sud et ancien directeur de Sciences et Société, Cité des sciences et de l'industrie.

grand de voir l'homme utiliser cette science et cette technique contre son semblable. Cela veut dire que la technicisation du monde place l'homme dans des situations où la moralité (qui ne cherche que l'épanouissement de l'homme) est laissée en rade. La dignité de l'homme fait place aux résultats scientifiques ; d'où la nécessité de perfectionner le sens moral et spirituel de l'homme.

Certes, l'on pourrait dire que cet épanouissement humain relève du relatif et dépendrait de chacun. Ou encore la question éthique, celle religieuse et du développement humain intégral ne concernent que l'individu dans sa singularité. Chacun serait suffisant en soi. Cependant, la croyance au progrès, vue par le philosophe Roland Schaer, est entrée en crise. L'objet technique apparait comme étant potentiellement toxique, destructif, menaçant. Le système technique développé par l'homme pourrait ainsi rendre plus précaire sa condition d'existence. L'artificialisation génétique devient contingente du moment où nous ne maîtrisons pas ce que nous produisons : les catastrophes naturelles et le réchauffement de la planète ne nous font pas croire le contraire. La question de savoir si nous sommes capables d'anticiper les risques de nos actions nous interpelle et nous oblige à adopter à cet effet une attitude d'humilité à l'égard de ce que nous produisons. Or, comme le soulignait Hans Jonas[36], le simple fait qu'une technique soit potentiellement dangereuse doit conduire à sa suspension, car le caractère irréversible des conséquences « interdit de jouer aux dés » ; d'où son impératif :

[36] Hans Jonas est né en 1903 d'une famille juive allemande. Il a étudié auprès de sommités du monde philosophique et théologique tels que Husserl, Heidegger et Bultmann. Hans Jonas s'est principalement illustré auprès du grand public au travers de l'éthique appliquée et biomédicale.

« Agis de telle sorte que les effets de ton action soient compatibles avec la permanence d'une vie authentiquement humaine sur terre [37]» ;

Ou encore : « Jamais l'existence ou l'essence de l'homme dans son intégralité ne doivent être mis en jeux dans les paris de l'agir ».[38]

La crise du progrès apparait ainsi du fait que notre *pouvoir-faire* est plus fort que notre *pouvoir prévoir* des risques de ce que nous faisons.[39] Jonas exprime cette situation toute nouvelle et inquiétante en disant que notre savoir prévisionnel demeure en deçà de notre savoir technique qui confère sa puissance à notre action.

Et si l'objectif premier de la P.M.A est celui de pallier la stérilité et de répondre au besoin d'obtenir un enfant, nous serions en phase de nous interroger sur le risque que nous engageons : à quel prix vaut l'obtention d'un enfant ? Le droit à l'enfant doit-il affecter le droit de l'enfant ou encore celui d'une procréation dans un contexte éthiquement acceptable ?

Certes nous ne saurions établir une réfutation catégorique de la P.M.A, vu son intention assez *pure* mais, procéder à une construction de scénarii qui permettraient de lancer une alerte humanitaire, justifiée par la peur (dans le sens de la responsabilité éthique) et le souci pour le futur de l'homme est assurément légitime. La prise de conscience de ces menaces et du caractère irréversible des implications de certains choix technologiques ne peut que faire grandir la conscience de cette responsabilité. Comme le disait Jonas, la peur est, elle-même, l'obligation préliminaire d'une éthique de la responsabilité.

---

[37] Hans Jonas, *Le Principe Responsabilité, une éthique pour la civilisation technologique*, traduit de l'allemand par Jean Greisch, éditions du CERF, Paris 1997, p.30.

[38] *Ibidem*. p.62.

[39] Soulignons que c'est une idée évoquée par Roland Schaer

Cette peur invite à l'action, disons mieux, à la prudence dans l'agir.

Ainsi, la responsabilité née du constat de la crise du Progrès, nous invite-elle à nous placer comme prophètes (προφήτης : « dire publiquement », « révéler ») face à ce que nous produisons.

N'étant pas toujours à la hauteur prévisionnelle des effets de nos actes, la question qui s'impose n'est pas tant celle de ralentir ou de stopper les progrès de la P.M.A, du moment où son cheminement est déjà déclenché et suit son cours ; mais plutôt anticiper sur les questions qui pourraient être posées sur les enjeux à venir et quelle est notre responsabilité face à l'autre voir même face à celui qui vient, nous donnant ainsi un souci du futur et de l'humanité à venir et plus encore un souci pastorale.

CHAPITRE II

LA QUESTION DE LA RESPONSABILITE DANS LA P.M.A

> « Quand tout se remue également, rien ne se remue en apparence, comme en un vaisseau. Quand tous vont vers le débordement, nul n'y semble aller. Celui qui s'arrête fait remarquer l'emportement des autres, comme un point fixe. » (Blaise Pascal, *Pensées*, n.383, éd. Brunschvicg.)

L'actualité de la P.M.A n'a plus besoin de construction de preuve. Elle devient un fait plus ou moins normalisé. L'attention de cet argumentaire sera donc sur la responsabilité éthique face à ces progrès biomédicaux, en convoquant des penseurs qui invitent à la reconsidération de la relation avec Autrui. Roland Schaer avec qui nous avons introduit la question de la *crise du progrès* ; Emmanuel Levinas avec sa compréhension du visage et Hans Jonas pour une éthique du futur, seront une lanterne qui illuminera notre réflexion vers une certaine prise de conscience des risques encourus. Leur utilité argumentative sera de soutenir ici l'évidence de l'exigence d'une responsabilité éthique. Il nous sera alors important de souligner d'abord les enjeux éthiques que soulève la P.M.A.

I. QUESTIONS ETHIQUES SOULEVEES

Bergson pense que la morale donne à la science un supplément d'âme. C'est dire que l'homme, face à la science aujourd'hui ne peut manquer de se poser des questions éthiques. Les conséquences de la P.M.A touchent notre vie intérieure privée, sociale et relationnelle. Leur considération est sans équivoque d'une importance de position d'alerte et d'attitude de prudence face au pouvoir grandissant de la biomédecine. Il n'est aucunement d'être l'oiseau de mauvais augure qui diffuserait un message de refus du progrès. Toutefois, se taire devant une situation d'urgence serait un silence coupable. Alors, voyons ce qu'il en est.

1. Relations brisées

Une première considération éthique soulevée par la P.M.A est une question relationnelle. Les liens de tout genre sont convoqués ici comme étant une attitude éthique de vis-à-vis. En effet, les relations entre les parents et les enfants, c'est-à-dire cette attitude de la filiation, est en cause. De même, les relations des parents entre eux affectent la définition du modèle familial et son fondement sur le mariage. L'acte matrimonial, en étant substitué par une intervention technique, est dévalorisé. La dignité de l'homme impose que sa conception soit le fruit de l'amour et le don de ses parents. Avec les manipulations de la P.M.A, cette dignité humaine est bafouée à partir du moment où il est impropre à une personne d'être produite au moyen de techniques artificielles comme s'il s'agissait d'un objet.

Ces techniques de la P.M.A touchent aussi les parents qui deviennent des fournisseurs, des gens qui offrent un matériel biologique à un laboratoire. La fécondation n'est pas réalisée par les parents mais par un laboratoire, de sorte que, l'enfant qui en sort en souffre aussi dès sa conception, (à l'état embryonnaire). Cette souffrance peut apparaitre dans les problèmes de l'éveil du « Je » chez l'enfant issu de la P.M.A. Il est question de se demander comment le sujet « Je » va-t-il assumer son histoire personnelle. En même temps, quel regard la société portera-il sur cet enfant « Tu » ? C'est là un questionnement parallèle à la pensée de Martin Buber. Selon lui, tout commence par la relation. Son principe est que l'être humain est par essence un *homo dialogus* et que sa réalisation n'advient que lorsqu'il communie avec l'humanité, la création et le Créateur. Le dialogue repose ainsi sur la réciprocité et la responsabilité.[40]

Il nous semble aussi important de soulever le problème des mères porteuses :

> « L'emploi des mères porteuses représente une triple anomalie : pour l'enfant, pris dans une transaction biologique ; pour la mère porteuse, traitée en instrument du couple parental : tenue à l'écart des géniteurs de l'enfant qu'elle porte, elle n'a et n'aura jamais de relations personnelles avec eux et restera frustrée de cet enfant qu'elle doit abandonner dès sa venue au monde. Et que dire enfin des parents qui reçoivent leur propre enfant ''fabriqué'' par un autre ?».[41]

Si l'homme est un être-de-relation, alors, cette dernière disparait et laisse place à une brisure. Cette brisure semble si profonde qu'elle va jusqu'au début de la conception. La problématique touche ainsi la question des embryons qui apparaissent comme de simples matériaux de laboratoire.

---

[40] Cf. Kalman Yaron, "Martin Buber, 1878-1965", *Perspectives : revue trimestrielle d'éducation comparée* (Paris, UNESCO : Bureau international d'éducation), vol. XXIII, n° 1-2, 1993, p. 135-147. ©UNESCO : Bureau international d'éducation, 2000

[41] Jean Marie Moretti *op.cit.* p.614

2. Avortement : question des embryons

Il nous sied de noter, dans le cadre de la fécondation *in vitro,* le problème des embryons surnuméraires, des embryons congelés et stockés. La femme, ou du moins les parents, ne voulant qu'un seul enfant, sont obligés d'évacuer (avorter) ou de mettre en quarantaine le surplus de fœtus pour les utiliser en cas de nécessité. En ce moment, l'enfant est utilisé comme un matériel de laboratoire mis dans un flacon, un objet que l'on peut détruire s'il s'avérait défectueux. Et comme le dit Jean Marie Moretti, « [...] conserver des embryons pendant des années, et même constituer des banques d'embryons [...] nous semble non seulement immoral, car nul n'a le droit de disposer de vies humaines et de les stocker comme un vulgaire matériau ».[42]

C'est alors un grand risque qui se présente. Nous ne voulons pas verser dans une situation accusatrice ; cependant, pour des questions de précision, nous pouvons retenir avec Xavier Thévenot que les P.M.A ont plusieurs risques[43] :

Une occultation possible des priorités éthiques dans le monde ;

Un mauvais contrôle des pouvoirs de la science et de la technique ;

Une tendance à faire croire en l'existence d'un pseudo droit à l'enfant et à chosifier l'être humain commençant ;

Une tendance à accepter de plus en plus la dissociation non seulement de la fécondité et de l'amour conjugal, mais aussi celle de la parenté biologique et de la parenté affective ;

---

[42] *Ibidem.*

[43] Cf. Xavier Thévenot, *op.cit.* p.97.

Une tendance à s'attribuer un pouvoir totalement démesuré sur l'embryon ;

Une tendance à faire croire que la fécondité est le passage obligé du bonheur et si un couple n'arrive pas à avoir un enfant, il est condamné au mal de vivre.

Au vu de toutes ces conséquences, de toutes ces questions éthiques soulevées par la procréation médicalement assistée, nous arrivons à la conclusion selon laquelle, il nous est possible de choisir, de trier, de sélectionner notre modèle, le type d'enfant que l'on souhaite, d'où la question de l'eugénisme libéral.

3. Eugénisme libéral et enjeux.

L'eugénisme peut être défini comme l'ensemble des méthodes et pratiques visant à transformer le patrimoine génétique de l'espèce humaine dans le but de la faire tendre vers un idéal déterminé. Il tend à améliorer le patrimoine génétique en limitant la reproduction des individus porteurs de caractères jugés défavorables ou en promouvant ceux des individus jugés favorables. C'est ce qu'on nomme eugénisme négative et eugénisme positive.

En fait dans l'eugénisme, ce qui était comme naturel et qui pouvait se « cultiver » par la suite, se trouve désormais dans le domaine de l'intervention. Cette intervention sur le génome humain est perçue comme un accroissement de la liberté. Elle nécessite de ce fait une réglementation. Cette compréhension moderne de la liberté doit être éclairée et redéfinie selon des normes socioculturelles et éthiques.

En effet, dès l'instant où des adultes souhaitent avoir un enfant en considérant son équipement génétique et en le modifiant selon leur propre désir pour donner un « *design* », ils exercent une intervention par prise de disposition ; intervention qui compromet la liberté de l'enfant et de la relation à soi. La liberté parentale du choix et du type d'enfant nuit à la liberté et à la dignité de cet enfant. Autrement dit, si une personne décide pour une autre dans le cadre de l'assistance biomédicale, touchant profondément l'appareil organique de cette dernière, alors la correspondance de responsabilité qui existe par principe entre des personnes libres et égales se trouve limitée. C'est ainsi que nous pouvons retenir à juste titre que « ce que la science met techniquement à notre disposition doit être soumis à un contrôle moral faisant en retour que, pour des raisons normatives on ne puisse pas en disposer à notre gré ».[44]

Notre considération sur les risques que présenterait la pratique de la P.M.A relève de l'analyse de faits. Il ne s'agit en aucune question d'un jugement de valeur qui compromettrait, si cela devait l'être, une décision d'avoir un enfant. La sensibilité de ce monde viendrait à juger un tel acte comme ne respectant pas la décision individuelle de personnes en situation de stérilité. Mais faudrait-il s'attarder sur le sentimental au point d'en oublier la valeur de la personne ? La question des valeurs résisterait alors à tout jugement de valeur et à toute prise de position personnelle et se hisserait au rang de recherche du bien suprême respectant la dignité de l'homme crée à l'image et à la ressemblance divine. C'est une exigence qui s'impose à notre intellect qui ne peut s'empêcher de tirer la sonnette d'alarme sur un bouleversement éthique qui, sans doute, est d'un grand bien pour l'humanité. Cela nous incombe : c'est une responsabilité.

[44] Jürgen Habermas citant Wolfgang van Daele in *l'avenir de la nature humaine vers un eugénisme libéral,* NRF, Gallimard, 2002, p.41-42.

II. EXIGENCES DE LA RESPONSABILITE ETHIQUE

La responsabilité telle que nous voudrions l'aborder n'est pas comprise comme d'un individu qui dispose du libre choix de ses actes et qui en retour peut y répondre. C'est là sans doute la compréhension classique du concept. Que voulons nous dire alors ? il s'agit d'une compréhension que nous tirons du philosophe Roland Schaer et qui nous place dans un aspect beaucoup plus relationnel que dans le simple retour face à une action posée. Il n'est point question de se focaliser sur l'acte mais sur l'être. Nous avons eu à aborder cette perspective de la responsabilité dans un ouvrage traitant la situation de la crise migratoire appelant ainsi à une prise de conscience collective.[45]

L'être humain, en tant que créateur de valeur, devient le centre sur lequel nous investissons toute aspect qui puisse répondre à une décision quelconque. Nous ne saurions donc dissocier l'acte posé de l'être qui le pose ; aussi ne pourrions-nous juger l'acte seul en laissant en rade la personne. C'est pour nous une manière de recadrer la responsabilité qui nous incombe face aux conséquences que produise la P.M.A.

[45] Cf. : Yousouph Stev YOUM, Qui est mon prochain ? L'harmattan, 2022, pp.70-72.

1. Les Exigences Biologiques : Essai de généalogie de la responsabilité[46] avec Roland SCHAER

➢ ***Responsabilité inscrite dans l'inventivité de l'humain***

Parler de responsabilité est un sujet « virale » dans presque tous les domaines : de la recherche aux débats sociopolitiques en passant par les médias et les réseaux sociaux. Pour la plupart, elle touche le niveau de prise en charge d'une situation quelconque ou encore comment, devant un fait, l'on se comporterait de façon à maitre de ses actes. C'est une manière d'être garant de ce que l'on fait ou ce que l'on dit.

Nous nous sommes donc inscrits dans le même sillage en abordant la question d'un angle différents dans notre premier essai en ayant une orientation philosophique et éthique. En ce sens, nous sommes partis de la réflexion de Roland Schaer un philosophe français. Il attire l'attention non plus sur l'acte simple mais en ce qui se passe lorsqu'un individu répond d'un autre. L'approche est différente de la compréhension classique de la responsabilité du fait que cette dernière met plus l'accent sur les actes en oubliant la dimension relationnelle. Ainsi, n'est-elle pas dans le libre choix des actions où le sujet est le seul être moral, mais dans une dimension relationnelle : il s'agit de répondre de l'autre ; considérer autrui dans sa différence en l'intégrant dans ce que nous faisons et disons.

A en croire Roland Schaer, cette responsabilité éthique est inscrite dans l'histoire du vivant. Vivre seul sans pour autant avoir une certaine relation est utopique. La considération de

---

[46] *Essai de généalogie de la responsabilité,* Intervention donnée par Roland Schaer dans le cadre de l'Université d'été Sciences, éthique et société 2013, organisée par l'Espace éthique/Ile-de-France les 11 et 12 juin 2013, sous le Haut patronage du Ministère de l'Enseignement supérieur et de la recherche. http://www.espace ethique.org/ressources/ intervention/essai-de-généalogie-de-la-responsabilité

l'autre vivant alors me convoque. C'est une responsabilité qui est comprise entre deux êtres vivants ; relation qui peut être déclinée par les soins parentaux, les soins médicaux, la vocation politique, la culture et le souci de l'environnement, touchant ainsi toutes les dimensions du vivant et de tout ce qui l'entoure. Il notera dans cet ordre que :

> « S'il est vrai, comme le propose le philosophe Hans Jonas, que le soin parental peut être tenu pour le « prototype » de la responsabilité, cette relation singulière mérite alors d'être analysée comme possible source de l'éthique dans le monde du vivant : un lien à travers lequel la puissance répond d'une exigence vulnérable, lui construit un habitat propice à sa survie et à son développement ».[47]

Faut-il alors remarquer que dans cette responsabilité éthique la relation (*re-lation*) est de mise et de grande importance ? Certainement. Elle pousse à considérer la faiblesse de l'autre, son impuissance et son appel à l'aide ; c'est la question de l'altruisme. Être altruiste donc relève de l'exigence éthique de la responsabilité.

➢ ***Une exigence altruiste de la responsabilité***

Dans son livre *Le Principe responsabilité*, Hans Jonas prend comme point de départ de sa théorie un simple constat de retournement complet des relations entre l'homme et la nature : c'est la question de l'abus du pouvoir de la technologie sur la nature, la rendant ainsi fragile et menacée ; altérable à volonté, voire modifiable sur le plan génétique avec la P.M.A. Selon le philosophe Jonas, c'est cette fragilité même de la nature qui nous confère la responsabilité sur elle. Nous pouvons dire par analogie que c'est la fragilité de l'être

---

[47] www.espace-ethique.org

humain, du bébé, qui nous donne une responsabilité sur sa nature propre, qui ne doit pas subir de manipulation.

> « Qu'on considère par exemple, comme première modification majeure à l'image héritée, la vulnérabilité critique de la nature par l'intervention technique de l'homme - une vulnérabilité qui n'avait jamais été pressentie avant qu'elle ne soit manifestée à travers les dommages déjà causés ».[48]

L'idée est claire. C'est aussi la position de Schaer stipulant que la responsabilité éthique en usage ici est aussi une relation altruiste où la puissance se sent obligée par la vulnérabilité. C'est un sentiment non contraignant car, à y voir de plus près, cette relation de soin rend le monde plus habitable ; un monde où il faudrait intervenir lorsque le risque n'est pas encore connu. Il s'agit alors d'une intervention de précaution en face de l'incertitude des risques.

Roland Schaer nous dit que cette éthique est ancrée dans le biologique : naturaliser l'éthique et présupposer une continuité entre le biologique et l'éthique. Pour notre part nous dirons que nous sommes biologiquement outillés avec/pour une responsabilité sur le plan éthique. Biologiquement, le sujet pensant est disposé à prendre soin d'un plus faible que soi, de lui assurer sa survie et sa protection et même la survie de ceux qui viendront. La survie de l'individu favorise donc celle du groupe : ce qui fait que les forts prennent soin des plus vulnérables.

Cette relation de sympathie est liée à la parenté. Ainsi, parce qu'il y a de la parenté entre les organismes, en ce qui nous concerne, entre une génération humaine et une autre, parce qu'elles partagent une mémoire d'informations

[48] Hans Jonas, *op.cit.* p. 24.

génétiques communes, la sympathie et/ou l'altruisme cherchera indéniablement la survie du groupe, des générations sans manipulation quelconque. Ma responsabilité en tant qu'individu relève de ma conservation naturelle en favorisant celle d'autrui.

Conserver la vie des autres est un appel à l'aide et cela dès la conception. Une invitation assez pressante qui pourrait alors sembler banale du fait de la nature parfait égoïste de l'individu. Toutefois, nous considérons clairement ici que la nature nous y oblige :

> « L'aide que nous nous sentons poussés à apporter à ceux qui sont privés de secours est pour l'essentiel une conséquence inhérente de l'instinct de sympathie, qui fût acquis originellement comme une partie des instincts sociaux, mais a été ensuite, de la manière dont nous l'avons antérieurement indiqué, rendu plus délicat et étendu plus largement. Nous ne saurions réfréner notre sympathie, même sous la pression d'une raison implacable, sans détérioration dans la plus noble partie de notre nature [...] mais si nous devions intentionnellement négliger ceux qui sont faibles et sans secours, ce ne pourrait être qu'en vue d'un bénéfice imprévisible, lié à un mal présent qui nous submerge. Nous devons par conséquent supporter les effets indubitablement mauvais de la survie des faibles et de la propagation de leur nature ». [49]

Cet altruisme trouve sa justification dans la parenté génétique. Cela sous-entend que dès qu'on s'éloigne de la parenté, l'altruisme devient plus ou moins "nul". Par conséquent, la responsabilité perd de sa valeur.

---

[49] Charles Darwin, *La Filiation de l'Homme, Ed.* Syllepse, *2000, p 210.*

Mais la réflexion inspirée de Roland Schaer démontre la responsabilité éthique qui ne peut qu'émerger qu'en reconnaissance de la vulnérabilité commune entre vivants. Or, la P.M.A en procédant par manipulation, modifie cette proximité génétique. La relation de responsabilité s'écroule. Le lien à l'autre devient une distance relayée par la technique et la biomédecine. Autrui n'est plus l'expression de la vulnérabilité du visage. Ce qui nous conduit à revoir la question de la relation à autrui.

2. Le visage éthique selon Emmanuel Levinas

Selon Levinas, l'autonomie ne constitue pas le point fondamental de l'éthique humaine. Il nous faut reconnaître que la responsabilité n'est pas quelque chose dont on décide librement ; elle s'impose à nous. *'Je'* est responsable d'autrui malgré lui. La relation à l'autre est une relation asymétrique. Ainsi, pensons-nous que son éthique est opportune pour un monde que l'on pourrait qualifier de « *mondicide* » par sa technique, sa science, son évolution et son manque de relation. L'individualisme ou la recherche effrénée d'un plaisir personnel et d'une satisfaction ne prenant pas en compte le prochain, est promu dans la société actuelle. Cela nous invite à revisiter la question de la relation en nous basant sur le visage éthique selon Levinas. Est-ce qu'en manipulant le fœtus par la P.M.A, nous nous sentons responsables de son expression ?

➢ *La problématique du visage*

Le visage, selon Levinas, n'est pas une expression *phonoménique,* c'est-à-dire qu'il est différent de l'objet qui apparait par ses formes et ses caractéristiques physiques. Dans le visage, il s'agit plutôt d'un *face à face* avec l'Infini.

Infini dans le sens où le visage dépasse l'idée que je me forge de lui :

> « La manière dont se présente l'Autre, dépassant l'idée de l'Autre en moi, nous l'appelons, en effet, visage. Cette façon ne consiste pas à figurer comme thème sous mon regard, à s'étaler comme un ensemble de qualités formant une image. Le visage d'Autrui détruit à tout moment, et déborde l'image plastique qu'il me laisse [...]. Il s'exprime ».[50]

Ainsi, l'Autre n'est pas ou ne doit pas être ce que je veux en lui ou ce que je pense de lui, allant même jusqu'à la modification de son expression ou du moins de son épiphanie et lui donner des qualités souhaitées. C'est un visage qui ne doit pas toujours répondre aux caractéristiques plastiques visibles. L'Autre se présente au Moi (épiphanie). A cet effet, il ne doit pas être considéré comme un objet, ni quantifiable, ni qualifiable, ni saisissable par son épiphanie : « Le visage est présent dans son refus d'être contenu. Dans ce sens il ne saurait être compris, c'est-à-dire englobé. Ni vu, ni touché – car dans la sensation visuelle ou tactile, l'identité du moi enveloppe l'altérité de l'objet qui précisément devient contenu ».[51] Il invite donc le Moi à une ouverture et à une relation de protection et de responsabilité. Dans ce sens, la manipulation (même avant qu'il ne soit expression physique), serait une tentative ''d'homicide''.

L'idée que nous voulons faire ressortir ici est celle de savoir que lorsque nous faisons face à un visage, nous l'acceptons tel qu'il est : nous l'accueillons. L'acte de procréation est donc un acte d'accueil. La P.M.A en considérant les fonctions de l'enfant afin de lui donner les

---

[50] Emmanuel Lévinas, *Totalité et infini*, Livre de Poche, Paris, 2006, p.43.

[51] *Ibidem*, p. 211.

caractères favorables à notre projet, fait entrer l'autre dans la soumission ou la domination. Le visage d'autrui est en effet dépourvu de puissance, il est nu dans son épiphanie et ne possède aucune autorité que celle de m'interpeller à lui :

> « La nudité humaine m'interpelle – elle interpelle le moi que je suis – elle m'interpelle de sa faiblesse, sans protection et sans défense, de nudité ; mais elle m'interpelle aussi d'étrange autorité, impérative et désarmée, parole de Dieu et verbe dans le visage humain ».[52]

A cet effet, l'action sur lui par une manipulation quelconque, empêche la pleine expression de sa naturalité.

Le visage est ainsi insaisissable parce qu'infini. Sa manifestation exprime sa puissance à saisir le Moi dans un appel à la responsabilité parce que faible et vulnérable. L'épiphanie du visage nous commande et nous interdit l'homicide et même la manipulation de la procréation. L'acte de responsabilité est une réponse éthique à l'inviolabilité d'Autrui, d'où l'obligation de la bonté.

➢ ***L'obligation de la bonté***

> « Ce regard qui supplie et exige – qui ne peut supplier que parce qu'il exige – privé de tout parce qu'ayant droit à tout et qu'on reconnaît en donnant [...] – ce regard est précisément l'épiphanie du visage comme visage. La nudité du visage est dénuement. Reconnaître autrui, c'est reconnaître une faim. Reconnaître Autrui – c'est donner. Mais c'est donner au maître, au seigneur, à celui que l'on

[52] Emmanuel Lévinas, 18 janvier 1987, préface à l'édition allemande de *Totalité et infini,* cité par Faessler, Marc, « Dieu envisagé », in *Répondre d'autrui, Emmanuel Lévinas*, Editions de la Baconnière, Neuchâtel, 1989, p. 95.

aborde comme « vous » dans une dimension de hauteur ».[53]

La bonté est la qualité de celui qui fait preuve de bienveillance active envers autrui. Une activité efficace susceptible de rendre réellement autrui heureux. Elle va au-delà de ce qui apparait çà et là ; elle se réalise aussi pour ce qui est à venir. C'est la compréhension de sa misère qui provoque une sollicitation qui va dans le sens de l'ouverture, de la reconnaissance et de la bienveillance. Être bon envers Autrui est un acte altruiste, par conséquent, normal, naturel et moralement responsable.

Le 'Je' est responsable de l'Autre, de sa survie, de son existence et de son devenir. L'éthique s'impose à moi et se dirige vers l'Autre : « la paix doit être ma paix, dans une relation qui part d'un moi et va vers l'Autre ».[54] Le face à face à Autrui implique qu'il m'apparait dans sa naturalité propre. L'intervention que *je* pourrais faire sur lui peut être considérée comme une servitude, un conditionnement. Or l'éthique de Levinas est une éthique de la rencontre. Et la meilleure façon de rencontrer autrui, c'est de ne même pas remarquer la couleur de ses yeux.[55] La question de l'humain, de son être, est une question qu'on ne saurait cadrer dans un coin bien précis en essayant de procéder par des connaissances technoscientifiques ou par des P.M.A. Autrui qui m'apparait ne peut être objet d'une délimitation scientifique. Ainsi, Levinas nous montre que la question de l'être est avant tout une question éthique. On est déjà dans le

---

[53] Emmanuel Lévinas *Totalité et infini, op.cit.* p.73

[54] *Ibidem*, p.342.

[55] Cf. Emmanuel Levinas, *Ethique et infini dialogue avec Philippe Nemo*, Fayard, Septembre 1993, p.79.

face à face, une relation qui échappe au moi, impliquant ainsi le dialogue.

La mère qui porte son enfant dans son ventre entre en dialogue avec lui. Elle lui transmet sa vie, ses émotions et lui communique sa sensibilité. Cependant, mettre en éprouvette un fœtus, le manipuler et le faire grandir pour « procréer » ; ou encore, utiliser une mère porteuse afin de procréer pour une autre, voilà des processus qui brisent la relation de dialogue entre l'enfant et ses futurs parents légitimes.

Il est donc nécessaire de faire preuve de bonté et d'humanité afin de répondre aux exigences naturelles de l'enfant qui doit entretenir ce lien de communion et de dialogue.

3. Exigences socio-humanitaires : La responsabilité pour les générations futures

S'interroger sur la pratique technoscientifique de la P.M.A, implique, à notre avis, un questionnement sur ses effets à court et à long terme. Le résultat çà et là n'est qu'un exploit scientifique. Mais le progrès en tant qu'il concerne l'humanité et sa survie est en crise ; l'avenir semble être compromis : de quoi sera fait l'avenir ? Quel héritage réservons-nous à l'humanité à venir ?

➢ ***Les droits de l'humanité future***

La réalité, sur un plan existentiel, nous ne pouvons pas octroyer des droits à l'humanité à venir, car il ne saurait y avoir de droit que par un contrat au moins tacite. Les générations futures semblent, a priori, être exclues. Néanmoins, quand nous considérons de plus près la question avec l'idée de la responsabilité selon Hans Jonas, il s'agit pour nous de répondre de l'autre. Répondre de l'autre consiste en l'obligation qui m'incombe devant l'avenir, c'est-à-dire la responsabilité vue comme un souci, comme une sollicitude ou encore une inquiétude. La responsabilité à l'égard de l'humanité à venir est, selon Hans Jonas, un principe, c'est-à-dire qu'elle fonde même l'éthique. D'ailleurs son impératif le souligne de façon claire : « Jamais l'existence ou l'essence de l'homme dans son intégralité ne doivent être mises en jeu dans les paris de l'agir ».[56] Ou encore, « Agis de façon que les effets de ton action soient compatibles avec la permanence d'une vie authentiquement humaine sur terre ».[57]

La P.M.A devient donc un agir qui n'est pas très sûr dans son déploiement. De même, en sélectionnant la qualité des enfants qui conviennent, l'humanité risque de sombrer dans une « super-humanité » avec un eugénisme qui détruirait l'expression de la vulnérabilité d'autrui.

L'évident en est que nos actions ont des effets sur l'humanité. Dans le même sens, cette clarté vaut pour le devenir de cette même humanité dans le sens où une action potentiellement compromettante et dangereuse doit être mise en *épochè*. Nous nous plaçons dans la logique du moindre mal ou dans ce que Jonas appellerait l'heuristique de la peur où il s'agit de frémir devant ce qui pourrait arriver : « Si nous n'osons pas frémir devant ce qui risque de se produire, nous aurons toute la chance d'esquiver la tâche éthico-politique qui nous attend, ou en termes plus simples, nous nous conduisons de façon irresponsable ».[58] Nous sommes comme en pèlerinage sur terre et notre devoir est de maintenir l'humanité dans une existence respectueuse de sa dignité et de la

---

[56] *Supra*, Hans Jonas, *Le Principe Responsabilité, une éthique pour la civilisation technologique*, traduit de l'allemand par Jean Greisch, éditions du CERF, Paris 1997, p.62.

[57] *Ibidem*, p.30

[58] Cf Jean Greisch, « la responsabilité pour les générations futures : le sens éthique de la transmissions » in *Actualiser la morale,* CERF, Paris 1992, p.256.

transmettre à ceux qui viendront après nous. En cela nous devons retenir que nous sommes en même temps usagers et gardiens du patrimoine humanitaire. La transmission de ce patrimoine devient une obligation pour nous.

➢ ***Héritage et transmission***

La question de l'héritage et de la transmission comme aspect de la responsabilité éthique est d'une importance capitale, car en tant qu'existants, nous sommes nécessairement des héritiers. En effet, l'héritage est compris comme une dimension constitutive de l'historialité. C'est l'assomption de possibilité d'exister transmises par une tradition.[59] Il est clair ici que l'héritage fait partie intégrante de notre histoire et il n'est pas détaché ou étranger de la tradition. Si la tradition est le noyau stable de la société, elle traverse ainsi toutes les générations et conserve ce que la société pense utile de conserver. L'utile pour la société est dans ce sens tout ce qui maintient l'homme dans toute son authenticité et sa dignité et dans des conditions de possibilité d'une vie durable et non menacée par la manipulation technique. L'anticipation ou le fait de prévoir les menaces des effets de nos actes est présent du fait de la crise du progrès évoquée plus haut. La prudence relève ainsi de cette prise de conscience responsable pour le futur. Ainsi devons-nous nous laisser affecter par l'avenir[60] en nous procurant des connaissances adéquates relativement aux effets à long terme de nos actions :

> « La responsabilité porte donc sur l'avenir lointain et sur le présent en tant que l'agir de l'homme induit cet avenir (…). Ce qui veut dire que la responsabilité est à la fois indéfinie et impérieuse,

---

[59] Cf. Rodrigue Belanger et Simon Plourde, *Actualiser la morale,* CERF, Paris 1992, p.244.

[60] Cf. *ibidem*. p.254.

> indéfinie en raison de notre ignorance des effets lointains de notre agir présent, impérieuse en raison des valeurs des finalités essentielles qui sont en jeu, à savoir « la condition globale de la vie humaine et l'avenir lointain et l'existence de l'espèce humaine » (…) ».[61]

L'humanité à venir aura alors tous les droits de nous convoquer sur les effets de nos actions présentes. Le présent doit être vécu comme tel en assumant toutes les conditions de vie et aussi, en veillant à ce que ce présent ne soit pas menaçant par sa technoscience, compromettant ainsi l'existence d'une vie meilleure dans l'avenir. Ainsi, l'impératif de Hans Jonas[62] vise-il d'abord l'existence de l'homme et non son être tel. La transmission des assomptions de possibilité d'exister doit se faire avec bonté. Il est alors question de fidélité à notre être homme. L'humanité que nous devons transmettre n'est pas à être considérée dans une relation mécanique et technique. La P.M.A semble ne pas répondre donc pas aux critères d'une transmission responsable.

Ainsi, la P.M.A comme technique vise à apporter une réponse à la stérilité et/ou au désir de posséder un enfant ; cependant, l'éthique comme relation à autrui, se heurte à la pratique de ces techniques de procréation. Les enjeux sont énormes de part et d'autre et la solution ne semble pas couler de source et être claire comme de l'eau de roche. Le monde progresse, les choses changent, les mentalités et la vision du monde s'adaptent aux innovations du temps présent. Mais qu'en est-il de la relation à l'autre, de son humanité, de son devenir et de sa survie ? Préférions-nous un monde technicisé

---

[61] René Simon, *Ethique de la responsabilité*, CERF, Paris 1993, p.173.

[62] Cf. *supra.*

où l'outil technique remplacerait les relations interpersonnelles, où le soi-même est diffèrent d'autrui ou bien voudrions-nous un monde où le soi-même est comme autrui, pour utiliser les termes de Paul Ricœur ?

En effet, la P.M.A donne des possibilités par sa technique de procréation. Cependant, la question sur la problématique de la technique elle-même soulève des questions orientées vers des cas comme l'avortement, la question de la parenté, le gel des embryons, l'eugénisme etc. Telles étaient nos préoccupations majeures, car la relation à l'autre semble être brisée. Cette brisure implique aussi une brisure de la responsabilité au sens éthique du terme tel qu'évoqué plus haut.

C'est ce que nous avons démontré dans cette deuxième partie de notre réflexion fondée sur des auteurs contemporains qui soulignent l'importance d'un retour à l'essentiel de notre condition d'homme : la responsabilité qui est inscrite dans notre biologique et qui pousse à considérer la vulnérabilité du visage et à lui réserver un avenir meilleur dès sa conception ou même avant qu'il ne soit. Cela amènera à une reconnaissance d'autrui ; une reconnaissance qui semble nécessaire pour entrer en relation. Reconnaitre, c'est identifier, c'est accepter son semblable en lui témoignant du respect, c'est considérer son semblable comme son *alter ego*. C'est dans ce sens que l'idée de la réduction de l'autre au même est rejetée. Le *JE,* ne peut pas emprisonner Autrui dans sa pensée, sa science ou sa technique : « L'étrangéité d'Autrui - son irréductibilité à Moi - à mes pensées et à mes possessions, s'accomplit précisément comme mise en question de ma spontanéité, comme éthique (…) ».[63]

Il est nécessaire, voir responsable de reconnaitre sa différence par rapport à autrui. Le *JE* seul ne peut se suffire. Il a besoin des autres pour se réaliser et cela n'est possible que par une égalité parfaite avec Autrui : il s'agit d'être-avec. C'est l'idée de Levinas qui trouve écho chez le philosophe camerounais Ndébi Biya qui affirme que : « les hommes ne naissent ni ne grandissent dans les éprouvettes, mais (dans une famille), dans une culture ».[64] Être-avec est l'expression originelle de l'homme.

A cet effet, la reconnaissance d'autrui devient indispensable : l'acceptation devient un acte de charité et d'espérance en la naturalité parfois contingente comme le dirait Habermas. Les rapports entre autrui et moi font l'objet de l'altérité, de l'intersubjectivité. Ma conscience, ma subjectivité, entretient des relations avec d'autres consciences, d'autres Moi. Autrui n'est jamais absent de mon existence. Ainsi l'intersubjectivité apparait d'abord comme *partage* : je partage avec autrui le même monde.

Partager, c'est traiter autrui comme un consort, c'est-à-dire que l'on a le même sort. L'intersubjectivité apparait aussi comme le *dialogue* qui permet de s'asseoir et d'échanger pour surmonter les conflits, les différences et les crises sociales et celles du progrès. Par le dialogue, il y a toujours une ouverture du *JE* et une acceptation de l'autre. Il permet alors une communication avec les autres, grâce au langage qui nous permet de confronter nos idées avec les autres : « la

[63] Cf. Siméon Clotaire Mintoumé, *L'éthique comme philosophie première ou la défense des droits de l'autre homme chez Emmanuel Levinas*, Harmattan, 2011, p.10.

[64] *Ibidem*, p.42.

perception de la réalité exige le point de vue de chacun (...). Le dialogue est une exigence de la justice qui est la reconnaissance de la transcendance de l'altérité et de la différence de chaque personne ».[65] Et Merleau Ponty disait que dans l'expérience du dialogue, il se constitue entre autrui et moi un terrain commun. Ma pensée et la tienne ne font qu'un seul tissu : l'entente. C'est cette entente qui nous pousse à rechercher des alternatives et des solutions communes et pluridimensionnelles.

---

[65] Cf. Siméon Clotaire Mintoumé, *op.cit.* p.44.

CHAPITRE III

PISTES D'UNE REPONSE PLURIDIMENSIONNELLE

Notons dès l'entame que cette étape de la réflexion n'a pas pour objectif de clore le débat en proposant des solutions claires et applicables partout et pour tous. La complexité de la question sur le plan social et pastoral ne permettrait pas de clore le débat. Cependant, nous voulons proposer des pistes qui vont orienter la problématique énoncée vers une résolution pluridimensionnelle.

En effet, nous ne pouvons nier le fait technoscientifique, les résultats parlent d'eux-mêmes. En face de ces résultats, notre attitude peut varier selon que nous sommes penchés vers le rejet de la situation bien que réelle ou que nous acceptons les faits malgré les risques. En ce qui nous concerne, il ne s'agit pas d'un dogmatisme de position qui pourrait basculer, mais d'une ouverture, une invitation au dialogue, à la recherche commune de ce qu'il y a lieu de faire pour le bien de tous. C'est une exigence de la justice[66] ; une justice au droit pour tous à la parole en pointant le problème social dont il s'agit[67] car il n'y a pas de philosophie sans faire attention aux problèmes sociaux.

---

[66] Cf. *Ibidem.*

[67] *Ibidem*, p.57.

I. ETABLIR LE DIALOGUE

1. Le principe commun : l'homme

Pour arriver à ce principe unificateur, un certain dépouillement est nécessaire. Il faut un abandon de nos convictions et idéologies personnelles, relativistes pour rechercher des bases communes.

➢ Se libérer de la dictature du relativiste

Le relativisme se dit des opinions valables et explicables du point de vue de chacun selon ses conditions socio-culturelles et historico-géographiques. Sur le plan de la morale, le relativisme est une doctrine *méta-éthique* qui nie qu'un code moral quelconque ait une validité universelle. Il soutient qu'il y a une pluralité de codes moraux valides selon les milieux.[68] Le problème posé est celui de l'équivalence de toutes les opinions à cause de ce relativisme. Force est de constater que dans l'histoire, des penseurs ont eu à avancer des arguments convaincants sur ce sujet. Nous pouvons citer l'anthropologue français Lucien Lévy-Bruhl (1857-1903) qui a soutenu le relativisme culturel dans son ouvrage *La Morale et la Science des Mœurs*. Selon lui, les codes moraux ne sont que les mœurs et les coutumes d'une société érigées en système.

Quatre cents ans plus tôt, son compatriote, Michel de Montaigne (1533-1592), soutenait la thèse du relativisme culturel et concluait au scepticisme en matière de morale.

[68] Cf. Dictionnaire d'éthique et de philosophie morale, sous la direction de Monique Canto-Spenber, PUF, octobre 1996.

L'ethnologue américain Ruth Benedict (1887-1948) défendit la même thèse dans son étude comparative qu'elle consacra aux Indiens du sud-ouest des États-Unis. La morale, selon elle, diffère d'une société à l'autre ; ce n'est qu'un terme commode désignant l'ensemble des habitudes sociales reconnues. On pourrait citer en outre les noms de Franz Boas (1858-1942) et de Margaret Mead (1901-1978), dont les études portant sur les Esquimaux du Nord de l'Amérique, sur les sociétés des îles de Samoa, de la Nouvelle-Guinée, etc., permirent d'amasser quantité de faits étayant le relativisme culturel.[69]

Cela nous conduit à un certain dogmatisme qui empêche le développement moral sur le plan du principe moral et non de la diversité des normes ou règles morales. Il existe en effet des critères communs qui mettent en doute le relativisme. Car, s'il y a diversité de normes et de règles, il est loin d'être clair qu'il y ait diversité au niveau des principes moraux. En effet, il est à noter que le relativisme épouse l'idée d'un conformisme à la norme admise. Or, le conformisme à la norme est remis en cause du fait de manque d'authenticité. Ainsi, le rejet du relativisme est dans l'anticonformisme qui exige une révolution dans la pensée, faisant ainsi appel à des idées définissant et distinguant le bien du mal.[70] A cet effet, nous voulons convoquer ce qu'on appelle communément les « *biens fondamentaux* » pour nier et détruire l'idée relativiste. Ces biens assurent la croissance de la personne humaine. Il

[69] Cf. J. Laberge http://www.cvm.qc.ca/encephi/CONTENU/ARTICLES/contrel.htm

[70] *Ibidem.*

s'agit de la dimension téléologique de l'existence humaine, s'occupant ainsi de la finalité qui est ici le bonheur. Ce bonheur passe par la conservation de la vie, de la liberté, de la justice. Il est à constater la nécessité de sortir de l'emprise du relativisme au vue de ces besoins humains fondamentaux pour une convergence commune.

➢ Converger ensemble

Pour converger l'humanité dans une conception universelle et moralement acceptable, il est nécessaire de partir non plus des visions relativistes, totalitaires et closes, mais de l'homme comme personne digne, comme transcendance et comme être de relation. Il s'agit de l'idée d'homme comme valeur absolue. Cette valeur indique le respect de la dignité humaine dans toutes ses expressions. L'homme a des droits du simple fait qu'il est une personne. C'est pourquoi le respect de ces droits n'a de sens que lorsqu'ils sont définis comme un devoir de responsabilité pour chaque individu. Précisons aussi que la dignité humaine va au-delà des responsabilités individuelles. Elle touche aussi la collectivité et la politique.

Certes la technoscience nous a permis de réaffirmer notre stature de « prince de l'univers », mais elle ne saurait se suffire à elle seule. Cela signifie donc qu'elle doit s'appuyer sur les principes qui font de l'homme ce qu'il est, une dignité, un être-de-relation, pour le hisser vers des lendemains meilleurs. Le futur est ainsi dans les mains du présent.

La science doit être articulée vers une recherche du bonheur et du bien-être et cela doit nécessairement se réaliser par la culture des valeurs morales, authentiquement orientées vers la responsabilité. L'investissement scientifique dans la P.M.A doit être reconsidéré de manière à éviter l'exploitation, la sélection, l'avortement etc. La science devrait permettre à l'homme de se perfectionner aussi sur le plan de son humanité. Et ce processus de dialogue qui invite à converger vers l'humanisation scientifique exige une régulation politique.

2. Pour une politique de la responsabilité éthique

Les interrogations éthiques provoquées par les nouvelles techniques biomédicales, notamment celles des P.M.A, font naître la bioéthique qui se trouve au carrefour de trois disciplines que sont la morale, la politique et la science. Cependant, il est facile de constater que :

> « La science n'est pas la valeur la plus haute à laquelle toute les autres doivent se subordonner. Dans l'échelle des valeurs, le droit personnel de l'individu à la vie physique et spirituelle, à son intégrité psychique et fonctionnelle, se trouve placé plus haut. La personne est en effet la mesure et le critère de la bonté ou de la responsabilité dans chaque manifestation humaine ».[71]

Cette affirmation place l'homme et sa dignité en valeur suprême avec pour conséquence la liberté et pour finalité le bonheur. Il est alors important de mettre en évidence ces

[71] Jean Paul II, « Discours à 3000 médecins », in Documentation Catholique, 1980, n°1796, p.1037.

valeurs humaines en relation avec l'instance dirigeante (l'Etat) car :

> « Dès lors que les politiques en matière de recherche et de santé publique deviennent un des points clé du lien social, nous sommes inévitablement conduits à nous interroger sur la capacité de nos institutions politiques à nous permettre d'en conserver la maîtrise et de dresser des perspectives à leur développement ».[72]

Nous devons décrypter, grâce à l'institution dirigeante, le point de convergence de toute l'humanité : l'égalité, le bonheur et la liberté devant être garantis par l'Etat.

➢ *Rôle des instances politiques*

Les instances politiques devraient être fidèles à leur tâche de réorganisation des structures socio-économiques appropriées de manière à placer l'individu dans des conditions d'existence décente. Les responsables politiques devraient se rendre compte que c'est leur idéologie qui influe sur les masses populaires et orientent les conditions sociales. La réglementation sociale relève sans équivoque de la responsabilité politique qui devra se porter garant des valeurs confirmées.

La raison qui est la marque de l'Etat moderne est de mise dans l'agir de l'homme. Il est ainsi important de noter que cette vision universelle de la raison humaine est à la base du

---

[72] Christian Byk « Bioéthique » in dictionnaire permanant de bioéthique et biotechnologie, éd. Législative, Montroge, mis à jour en 2005.

principe d'égalité qui est une valeur fondamentale de la civilisation et de l'Etat moderne. L'égalité devient le principe suprême de la vie sociale, le primat de la raison s'insère donc dans un débat politique animé par le désir de changement, par la recherche d'une alternative au système politique et social dévalorisant. C'est ici qu'il faut souligner la nécessité d'une nouvelle éthique : celle de la responsabilité.

Cela doit amener l'Etat à réguler les rapports humains au sein de la société civile et les rapports de l'Etat avec celle-ci.[73] C'est sans doute dans cette perspective d'une nouvelle éthique que le biologiste Théodogius Dobzhansky dira en ce qui concerne la procréation médicalement assistée :

> « […] le point le plus important à long terme est le suivant : que nous proposions de limiter la population ou de l'améliorer [allusion à l'eugénisme positif et négatif], nous devons forger une nouvelle éthique de la responsabilité sociale dans la procréation. Nous avons été habitués que tout le domaine de la vie sexuelle et familiale soit considéré comme une affaire privée, dans laquelle les intérêts des individus concernés sont les déterminants essentiels et uniques. Mais cela doit inévitablement changer. Si l'on n'accepte pas librement cette responsabilité sociale, la seule solution est dans la contrainte. C'est une perspective redoutable qui devrait être évitée dans toute la mesure du possible. La plus grande difficulté dans ce domaine vient de ce qu'il ne s'agit pas d'amener des intellectuels à convaincre d'autres intellectuels,

[73] Cf. Jacques Rollet, « Éthique et politique » in *Actualiser la morale, op.cit*, p.97.

> ou de prêcher des convertis ; c'est l'ensemble de l'humanité qu'il faut persuader ou bien contraindre ».[74]

En effet, le développement scientifique (qui caractérise l'Etat moderne), participe à un individualisme narcissique où chacun, au nom de la liberté, semble gérer son territoire personnel.

Cependant, en tant que garant de la marche sociale (du groupe), l'Etat devrait canaliser cet individualisme vers une dynamique globale : « la vie n'est plus perçue comme un don mais comme un projet personnel dont la réalisation est liée à la prise en compte d'enjeux collectifs. »[75]

Jürgen Habermas affirmera dans le même sens que « personne ne peut affirmer son identité pour lui seul ».[76] C'est dire que l'homme est responsable en mesure qu'il est maître de son action, c'est-à-dire qu'il agit consciemment dans le seul but de son épanouissement (le Bien). Dans ce contexte, nous pouvons admettre avec Hans Jonas qu'une nouvelle éthique de la responsabilité trouve ses modèles et ses références privilégiés dans l'expérience des parents et dans celle de l'Etat.[77] Il est donc important de souligner que « l'énonciation d'une éthique pour la politique, capable de régulariser les rapports humains au sein de la société civile et

---

[74] Théodogius Dobzhansky, « l'Humanité a-t-elle un avenir ? », in « *La Recherche* », mai 2000, p.26.

[75] Guy Bourgeault, « la Responsabilité comme paradigme éthique ou l'émergence d'une éthique nouvelle » in *Actualiser la morale, op.cit.*, p.75-76.

[76] Jürgen Habermas, *De l'éthique de la discussion*, CERF, Paris 1992, p.20.

[77] Guy Bourgeault, *op.cit*, p.83.

les rapports de l'Etat avec celle-ci, suppose un consensus de base sur des valeurs [...] ».[78]

Le choix moral, juridique, politique d'accorder la primauté à la dignité [au détriment de la liberté dans certains contextes] est révélateur d'une conception renouvelée de la société ; la décision d'une procréation médicalement assistée ou du moins d'une fabrication de bébé devrait être prise en compte par une politique responsable. Telle sera la mission de l'Etat de promouvoir la liberté et le bien de tous dans le respect du genre humain ; car en effet, réfléchir sur les problèmes en bioéthique, c'est être solidaire à l'humanité tout entière.

➢ ***Mission de l'Etat : Loi(s) morale(s)***

La politique (l'Etat) prescrit par ses lois ce qu'il faut faire et ce qu'il faut éviter. A cet effet, toute action menée doit viser la fin ultime qu'est le bien, le beau, le juste. Ces missions de l'Etat sont donc régaliennes, car elles relèvent de la compétence de ce dernier pour des raisons de souveraineté. Il est de la compétence de l'Etat de défendre les droits des citoyens, leurs libertés pour les préserver de l'esclavage, de l'oppression et de la répression, bref de tout ce qui porte atteinte à leur dignité.

Ainsi, la mission principale de l'Etat est le maintien de l'ordre dans la société, d'une qualité de vie acceptable pour la moyenne des individus. Car, « même si le bien d'un individu s'identifie avec celui de la Cité, c'est chose plus importante et

[78] Jacques Rollet, *op.cit*, p.97.

plus parfaite, évidemment, de saisir et de sauvegarder le bien de la Cité : le bien d'un individu est précieux mais combien plus beau et plus divin d'un peuple et de cités entières ».[79]

Si donc on parle de développement biologique, de P.M.A, il s'agit plus de développement matériel que de l'élévation du niveau moral de l'humanité. Or, c'est cette élévation morale qui est la marque de la liberté ; car renoncer à sa liberté, c'est renoncer à sa qualité d'homme, aux droits de l'humanité et même à ses devoirs. Ainsi, les lois mises en place par l'Etat dans le souci d'organisation, doivent s'orienter entièrement vers la morale et se fonder dans cette dernière. Or on constate que :

> « L'homme moderne apparait trop souvent comme un pion "utile" sur l'échiquier économique. Et si l'on s'occupe mieux de sa santé, de sa sécurité, de son bien-être matériel, on s'occupe bien peu de sa personne humaine. On parle des économiquement faibles. On mesure du dehors les aptitudes particulières de chacun et la capacité qu'il présente d'être utilisé, mais de la personne humaine, il n'est pas question dans la pratique ».[80]

Sortir l'homme de ces entraves de la course effrénée de la technique, de l'acharnement procréatif, nécessiterait pour l'Etat en tant que gouvernant les actions sociales, d'établir des lois selon l'équité, des lois morales. Ainsi :

---

[79] Aristote, *Ethique à Nicomaque*, Liv.1 chap.2, 1094, a 18-b9.

[80] Maurice Vernet, *L'homme maître de sa destinée, éthique et biologie*. Ed. Bernard Grasset, Paris 1956, p.269.

« La nécessité de loi morale est une stricte nécessité imposée par la fin et cela en deux sens différents : a) toute loi morale impose la nécessité d'ordonner des actes selon ses prescriptions autrement, la loi morale serait inutile. b) les lois morales au sens strict de ce mot parce qu'elles ordonnent les actes humains à la fin ultime, absolue, à la béatitude formelle vers laquelle l'homme tend de toute sa nature, impose à l'homme une nécessité morale venant de cette fin même. Il s'ensuit que l'obligation de la loi morale ne détruit pas la liberté essentielle de l'homme ».[81]

L'Etat est donc l'institution, l'instance qui doit réguler l'ensemble des actes sociaux et les actions humaines. Il est nécessaire de redorer le blason des valeurs morales, éthiques, voire spirituelles et faire prendre à l'homme une conscience plus vive de sa personne, de sa dignité.

Le sens éthique, à la lumière de la raison qui dirige la volonté des hommes, la conscience morale et sociale, la responsabilité dans cette vision, ne peuvent donc pas se réaliser dans la simple proposition. Une certaine éducation est nécessaire.

II. EDUQUER A LA PRISE DE CONSCIENCE

1. Conscience scientifique

Nous voulons exposer ici la pensée d'Edgard Morin, un philosophe contemporain. Il est vrai que d'autres conceptions sur la science existent, mais nous avons été convaincus par son approche sur la conscience scientifique.

---

[81] Emile Filion, *Eléments de philosophie thomiste*, Monréal 1940, p.97.

En effet, un adage africain stipule qu'on ne peut pas soigner une blessure sans toucher à la plaie. C'est dire qu'un dialogue pour tenter de résoudre le problème de la crise du progrès, en particulier de la P.M.A, ne pourrait être instauré sans convoquer le véritable protagoniste de la situation : la science.

Cette dernière a eu à compartimenter l'homme au point où elle ne le conçoit plus comme un tout bien constitué dans sa dignité et son autonomie. C'est ce qu'Edgard Morin souligne en pensant à l'hyperspécialisation qui fait que la science ne voit plus un homme unifié, elle ne peut plus penser scientifiquement l'homme.[82] La responsabilité devant affronter l'incertitude de la science, exige que cette dernière puisse accepter une révolution en son sein. Il ne s'agit pas d'imposer une manière de faire (dogmatisme, fondamentalisme) ou de faire ce qu'il nous semble possible (relativisme) mais de chercher dans la science elle-même et par le scientifique une méthode libérée de tout intérêt politique ou pécuniaire. L'invitation d'Edgard Morin serait ainsi de trouver une méthode qui sache distinguer et respecter le caractère multidimensionnel de la réalité anthropologique.[83] On ne peut penser un homme avec des membres et des organes isolés et autonomes n'ayant pas besoin l'un de l'autre. L'homme est un tout, une totalité physique et biologique ; et cette totalité est le fondement même de son autonomie.[84] Il est aussi une histoire, inscrite dans une lignée généalogique.

---

[82] Cf. Edgard Morin, *Science avec conscience*, nouvelle édition Fayard, 1982, p.110.

[83] *Ibidem*, pp.257-258

[84] *Ibidem*, p.266.

Ainsi, la prise de conscience scientifique, ou du moins, l'acceptation de la responsabilité du scientifique face à cette totalité autonome de l'homme permettrait une ouverture du dialogue équilibré science/bioéthique et aussi un rapport d'humilité face à ce que la science produit sans une maitrise concrète. Cependant, cela nécessiterait aussi une éducation[85] intégrale et intégrée.

2. Rôle de l'éducation : Système éducatif SCOUT[86]

L'éducation est un domaine qui intéresse la bioéthique et, l'introduction de la bioéthique dans les écoles s'avère être une nécessité pour les générations futures. Déjà, les domaines tels que l'éducation sexuelle, les préventions contre le SIDA, la drogue, la délinquance, les avortements etc. touchent aux problèmes éthiques engageant une responsabilité éducative. La bioéthique devra alors s'investir dans la formation de la société et des jeunes en particulier. Nous nous voulons de donner ici un système éducatif qui pourrait permettre ce déploiement éthique dans le milieu éducatif. Il est question du scoutisme.

Le scoutisme est issu d'un camp expérimental organisé par Lord Robert Stephenson Smith Baden-Powell of Gilwell en faveur de 22 garçons sur l'île de Brownsea en Angleterre (du 25 juillet au 9 août 1907). Ce camp connut un immense succès et prouva à son organisateur que ses méthodes et sa

[85] Notons ici que l'éducation n'est pas que formelle, elle est aussi informelle. Dans ce sens, l'objectif est d'atteindre le maximum d'individus quel que soit leur position sociale.

[86] La plupart des éléments exploités ici sont tirés de www.scout.org mais aussi de l'expérience personnelle après des années de formation dans le mouvement scout.

formation plaisaient aux jeunes et donnaient des résultats. En janvier 1908, il lança un livre intitulé "*Scouting for Boys*" traduit en français par *Éclaireurs.* L'intention n'était que de proposer une méthode de formation pour les garçons. À sa grande surprise, les jeunes s'organisèrent eux-mêmes en un mouvement destiné à devenir le plus grand mouvement de jeunesse au monde.

Le Scoutisme est une école de la vie qui propose aux jeunes un certain nombre d'activités basées sur un projet éducatif qui englobe tous les stades de développement de l'être humain. Basé sur le volontariat, il a pour mission de former une personne solidaire, autonome, engagée au service du développement. C'est un mouvement apolitique, sans distinction de race, ni de religion, ni de culture, ni de sexe. Son but est de contribuer au développement total des jeunes en les aidant à réaliser pleinement leurs possibilités physiques, intellectuelles, morales, sociales, émotionnelles, spirituelles, affectives en tant que bons citoyens et membres des communautés locales, nationales et internationales. Il est fondé sur trois principes essentiels : le principe spirituel qui est le devoir envers Dieu ; le principe social, le devoir envers son prochain et le principe personnel, le devoir envers soi-même. Tout ceci se retrouve dans sa méthode de travail. La méthode scoute peut être définie comme étant un système d'auto-éducation progressive fondée sur une promesse et une loi, une éducation par l'action, une vie en petits groupes, des programmes progressifs et attrayants qui reposent sur les centres d'intérêts des jeunes, un cadre symbolique et une progression personnelle et collective. Il invite donc les jeunes à prendre eux-mêmes en main leur propre éducation.

Ce sont le but, les principes, la méthode du mouvement qui, ensemble, constituent l'essence du système éducatif, c'est-à-dire la base même sur laquelle le scoutisme est fondé partout dans le monde. Dans le scoutisme, c'est au sens le plus large que le terme éducation est utilisé pour désigner le processus à travers lequel chacun, tout au long de sa vie, développe ses capacités, aussi bien au niveau individuel qu'en tant que membre d'une communauté.

Dans ce sens, le but de l'éducation est de contribuer à l'épanouissement d'une personne autonome et volontaire, responsable et engagée. La responsabilité dans l'éducation est un appel pressant dans la formation da la dignité humaine.

Ainsi, le système éducatif scout est convoqué ici pour montrer comment des valeurs morales et humaines, excluant toute manipulation et domination (le cas de la P.M.A), peuvent être véhiculées en toute responsabilité. La prise de conscience des risques de la P.M.A peut donc passer par ce modèle de système éducatif pour une vie moralement acceptable. Il ne s'agit plus de retenir des leçons, mais d'inculquer aux jeunes, par leur participation et consentement, des comportements moraux et responsables pour la construction d'un monde meilleur.

En effet, la bioéthique étant une science théorique et pratique en même temps, l'originalité du scoutisme c'est de faciliter une éducation responsable en intéressant toutes les couches sociales sans aucune distinction. Par sa méthode, le scoutisme invite à l'action commune pour le respect de la vie et la protection de la nature. Les risques d'une humanité en danger pourront donc être plus facilement considérés et véhiculés par les responsables des jeunes, sans aucune contrainte institutionnelle, afin de trouver des solutions pratiques et durables. Par ses principes, spirituel (devoir envers Dieu), social (devoir envers son prochain) et personnel (devoir envers soi-même), le scoutisme place l'individu dans une situation relationnelle. Cette situation est conforme aux exigences de la responsabilité éthique évoquée plus haut. La relation que le jeune scout entretiendra sera donc une relation de principes qui permettent de prendre en considération le fait d'être-avec et l'épanouissement intégral et intégré. Le système éducatif scout englobe donc les exigences de la responsabilité éthique qui permettrait un encadrement total dans la prise en considération de la vie.

Toutefois, un aspect important demeure. Il ne s'agit pas seulement d'éduquer ou d'instruire ; il est capital d'avoir un suivi rapproché des jeune couple désireux d'avoir un enfant issu d'un amour profond et véritable qui pourrait butter sur cette problématique. D'où l'importance de l'accompagnement pastorale.

3. Accompagnement pastoral

Nombreux sont les couples que nous rencontrons dans le champ pastoral en paroisse ou dans les mouvements de jeunes qui vivent des situations difficiles en ce qui concerne la procréation. L'accompagnement installe un certain malaise au vu des préjugés socioculturels, de la pression familiale, et du besoin de s'accomplir. Parfois des cas qui semblent être liés à la tradition obligent un accompagnement spirituel. Le pasteur est donc invité à se rendre disponible et de prêter l'oreille afin de préserver la foi et l'amour du couple.

Ce qui nous animera c'est de considérer quelques principes généraux qui pourraient aider d'une part à soulager les couples qui traversent des moments difficiles de non-engendrement et d'autre part, de garder la vérité de l'enseignement de l'Eglise.

Nous nous baserons principalement sur le pape Benoît XVI. Il affirme :

En ce qui concerne l'Église catholique, l'objet principal de ses interventions dans le débat public porte sur la protection et la promotion de la dignité de la personne et elle accorde donc volontairement une attention particulière à certains principes qui ne sont pas négociables. Parmi ceux-ci, les principes suivants apparaissent aujourd'hui de manière claire :

- La protection de la vie à toutes ses étapes, du premier moment de sa conception jusqu'à sa mort naturelle ;
- La reconnaissance et la promotion de la structure naturelle de la famille — comme union entre un homme et une femme fondée sur le mariage — et sa défense contre des tentatives de la rendre juridiquement équivalente à des formes d'union radicalement différentes qui, en réalité, lui portent préjudice et contribuent à sa

déstabilisation, en obscurcissant son caractère spécifique et son rôle social irremplaçable ;

- La protection du droit des parents d'éduquer leurs enfants.[87]

Ces principes se fondent sur la protection de la vie en générale. L'Eglise intervient sur des faits non négociables parce que menaçant pour la dignité de l'homme. Et, tout ce qui touche à la dignité ou altère la vie humaine doit au préalable être mis entre parenthèses.

Le premier principe touche la vie dans sa dimension totale et totalisante. De la conception à la mort naturelle, la vie demeure sacrée et ne doit faire objet d'aucune manipulation. En évoquant ce principe, l'idée de fond est de mettre en garde contre les manipulations sur les fœtus, la procréation médicalement assistée, les avortements etc.

Le second principe est, à notre avis, une conséquence logique du premier. Si la vie humaine doit être en principe protégée dans tous ses aspects, cette vie ne peut résulter que d'une union naturelle entre homme et femme. Par conséquent, cette union qui, de fait s'appelle la famille, mérite d'être promue, valorisée et reconnue. Le pape touche ici un aspect fondamental de la vie : la famille.

La protection du droit des parents d'éduquer leurs enfants constitue le troisième principe évoqué par le pape. Il est évident que l'éducation fait partie intégrante de toute société.

[87] BENOIT XVI, «Aux participants au Congrès promu par le Parti Populaire Européen (30 mars 2006) »

Pour transmettre ses valeurs, la société se doit d'encadrer sa jeunesse ; et la famille constitue le premier milieu où l'enfant intègre toute valeur pour sa croissance. C'est donc un souci d'héritage et de transmission pour les générations futures.

Tout compte fait, la disponibilité à l'écoute et à l'assistance doivent être une attitude primordiale devant les situations d'accompagnement pastorale.

CONCLUSION

Si la P.M.A voudrait, par sa technique, apporter une « solution » au besoin d'enfant et pallier la stérilité, sa méthode et ses moyens se heurtent à la question téléologique de l'humanité. Il apparait ainsi un équilibre assez fragile et un dilemme qui habitent le médecin. Il est tiraillé entre la protection de la dignité humaine d'une part, et d'autre part, le désire d'assumer les avancées de la science et de la biomédecine. Il s'agit, d'un côté de se montrer scientifiquement rigoureux et compétent dans le traitement et la gestion d'un corps comme objet de la recherche scientifique et médicale, et de l'autre, de considérer les personnes qui se montrent à la science dans toute leur humanité, leur objectivité, leur vulnérabilité. Cependant, « la puissance créatrice des humains est admirable et effrayante ».[88] On peut prétendre à cet effet que :

> « L'exigence de mesurer les conséquences de ce qu'on expérimente, les effets de ce qu'on met en branle, les valeurs impliquées, ne constitue nullement une entrave dictée de l'extérieure ; elle est inhérente à l'action créatrice elle-même. Elle lui donne son poids, sa véritable dimension, sa densité humaine. On est souvent trop peu soucieux de mesurer ce qu'on engage, trop peu attentif aux suites éventuelles de nos découvertes ; on risque d'hypertrophier un aspect dont on découvre des possibilités nouvelles au détriment de l'ensemble

[88] Pierre De Locht, « créativité et responsabilité humaine », in *Lumière et vie*, procréation et acte créateur, n° 187, vol. XXXVII, juillet 1988, p.5.

> des réalités impliquées. D'où la nécessité de ne pas jouer aux apprentis sorciers, de reconnaitre des seuils, des zones d'inconnues, de surseoir jusqu'à plus ample examen à des avancées actuellement trop marquées d'incertitudes. Ces multiples exigences ne sont pas des limites de la liberté ; au contraire, elles haussent la créativité à son seul et véritable niveau de lucidité, de clairvoyance, de justice, de responsabilité. Elles engagent dès lors une appréciation de valeurs et de sens, un jugement éthique. »[89]

La problématique soulevée était celle de la responsabilité éthique dans la P.M.A. Nous avions pour objectif de sonder les exigences de la responsabilité en relation avec la question de la P.M.A. Nous avons décrit et analysé dans un premier temps l'émergence et la pratique de la P.M.A en montrant les conditions historico-scientifiques, les aspects socio-anthropologiques et psychologiques qui peuvent être considérés comme éléments déclencheurs de la P.M.A. La prétention de la science de vouloir maîtriser la nature, le souci de résoudre le problème de la stérilité du couple, la dette psychique de sang qui pousse au besoin d'un enfant à tout prix, provoquant l'avènement de la P.M.A, nous ont conduit à l'analyse conclusive de la crise du progrès et l'incertitude scientifique dans l'appréhension du monde. Le modèle de société envisageable dans la P.M.A cause beaucoup de soucis éthiques et fait appel à la responsabilité de tous.

[89] *Ibidem*, p.11.

Cela nous a amené à considérer en second lieu la problématique de la responsabilité en lien avec les questions éthiques soulevées par la P.M.A. Si le « couple » a obtenu l'enfant comme un « objet de laboratoire », quel rapport existerait-t-il entre cet enfant et lui ? Est-ce un enfant fait à deux (couple) ou à trois (homme + femme + médecin) ou seul ? Or, l'homme est un sujet incréé, d'où l'engendrement par l'union des deux êtres qui sont eux-mêmes sujets. C'est dire que toute rencontre, union sexuelle entre un homme et une femme, est une histoire. Au laboratoire, cette rencontre est inexistante.

La question de la responsabilité nous a ainsi positionnés comme devant *ré-pondre* de la vulnérabilité de l'autre dans toute sa subjectivité et sa différence. Les exigences de la responsabilité que nous avons développées en nous basant sur Roland Schaer, Emmanuel Levinas et Hans Jonas sont telles que, de façon biologique, nous sommes tenus de prendre soin d'un plus vulnérable que nous, de considérer cette vulnérabilité dans son expression totale (le visage qui m'interpelle) et d'œuvrer pour une génération future digne, acceptant la naturalité contingente. C'est tout le sens de la question de l'héritage et de la transmission.

Toutefois, vu son intention noble, la P.M.A ne saurait être totalement rejetée. Notre considération était de nous exprimer comme prophète en exposant la situation à la claire vision du bien pour tous. Ceci ne semble pas être une contradiction, mais un dépassement des positions antagonistes. C'est pourquoi notre implication en troisième lieu était une tentative de poser un dialogue science/éthique. Un dialogue possible par la considération de l'homme comme dignité et principe commun. La conscience scientifique doit se résoudre à rechercher le bien dans sa totalité, tout comme l'Etat, dans sa politique, doit réguler les actions vers une fin moralement acceptable. Et cela passe par une éducation bien structurée. C'est à cet effet que nous avons proposé le système éducatif scout, par sa méthode d'éducation par l'action. Il pourrait atteindre toutes les couches sociales et les tranches d'âge et éveiller leur sens de la responsabilité.

Toutefois, que ce soit du côté de la science ou de la bioéthique, l'homme semble être dans un dilemme qui nécessite une réponse. Il faut donc un débat qui impliquerait une juridiction afin de rechercher des moyens pour protéger la dignité de la vie dans la procréation. La question de la responsabilité pour les générations futures pose, à notre avis, la nécessiterait d'une codification constitutionnelle. De même, une éthique créatrice avec une vision religieuse, spirituelle, voire divin, ne pourrait-elle pas aussi être développée pour promouvoir la procréation dans des conditions de dignité humaine ? Si cela est utile, travaillons donc à écouter le cri du peuple de Dieu.

POSTFACE

Je remercie le Père Youssouph Stev Youm de son précieux travail pour resituer la question de la PMA, au-delà de son aspect purement pratique, dans une réflexion éthique qui la replace dans les fondamentaux qui constituent la dignité humaine. Déjà, Rabelais, rappelait la nécessité de toujours vérifier la finalité humaine de toute science : « Sapiens n'entre point dans âme malivole, car science sans conscience n'est que ruine de l'âme ». Il s'agit là, bien sûr, de vérifier l'intention de nos actes, fussent-ils motivés par la science. Si la sagesse est absente chez quelqu'un « qui veut le mal », elle peut l'être aussi chez une personne de bonne volonté qui ne verrait pas les conséquences universelles d'un acte qu'elle a posé.

La science est un moyen, elle n'est pas une fin et il est toujours important de connaître la finalité d'une technique même scientifique, car elle pourrait n'être qu'utilitariste et circonstancielle.

Depuis Hippocrate, l'exercice scientifique et médical s'est doté d'une déontologie qui permet une réflexion ordonnée à la dignité intrinsèque de la personne. C'est l'objet même de son fameux « serment » qui, s'il a été édulcoré aujourd'hui, n'en demeure pas moins un guide précieux pour les médecins.

L'ouvrage de l'auteur nous rappelle que l'être humain est un être de relation en s'appuyant sur le travail du philosophe Martin Buber dans son ouvrage le « je et le tu », travail qui se trouve confirmé dans le constat de la conscience de soi du nouveau-né qui se découvre lui-même dans le regard de sa mère bien avant de se saisir dans le reflet du miroir. Le pape François d'ailleurs, utilisera aussi cette notion du « je » personnel relativement au « tu » divin dans sa dernière encyclique sur l'amour de Dieu et le Cœur de Jésus.

Depuis Hammourabi, dont la loi fut une des premières écrites presque 2000 ans avant Jésus-Christ, la défense des plus vulnérables est le signe spécifique de l'humanité et de sa dignité inaltérable. Ainsi, le roi de Babylone précisa-t-il qu'il avait écrit cette loi « pour défendre les plus faibles contre les plus forts », c'est-à-dire pour sortir de la loi de la jungle, tout simplement.

La défense des plus vulnérables est un marqueur irremplaçable d'une conscience véritablement humaine.

La Bible confirme cette éthique de la responsabilité fondée sur la liberté. On le trouve en particulier dans le livre du Deutéronome au chapitre 30 où le Seigneur s'adresse à Moïse : « Vois, je te propose aujourd'hui la vie et le bonheur, la mort et le malheur. Choisis donc la vie pour que toi et ta postérité pour que vous viviez aimant le Seigneur ton Dieu, écoutant sa voix t'attachant à lui, car là est ta vie ainsi que la longue durée de ton séjour sur la terre que le Seigneur a juré à tes pères ». Nous avons là une spécificité qui nous fait échapper aux choix binaires d'Emmanuel Kant, entre l'hétéronomie et l'autonomie, c'est-à-dire entre une loi extérieure qui s'impose à l'homme et une loi que l'homme se donnerait à lui-même comme « volonté autonome ». Le pape Jean-Paul II, dans son encyclique *Veritatis Splendor*, a précisé qu'avec Dieu nous sommes dans une « théonomie participée ». Cela signifie simplement que la loi divine se propose à la liberté de l'homme. Là aussi, se révèle sa dignité.

En outre, la relation interpersonnelle qui qualifie l'humanité est le signe de cette « image de Dieu » signifiée dans le Livre de la Genèse au moment de la création de l'humanité. En effet, Dieu est unique, mais il n'est pas solitaire. Dans la Trinité, chaque personne divine est, selon saint Thomas d'Aquin, une « relation subsistante ». Cela signifie que le Père n'est tel que dans l'engendrement éternel du Fils, que celui-ci n'est tel qu'en se recevant du Père dans la communion de l'Esprit qui est leur mutuel amour. Ainsi, chacun de nous se reçoit d'autrui à l'image de Dieu. Il n'atteint son indéfectible dignité que dans l'amour qui nous apprend que chacun est un don. C'est pourquoi l'enfant à naître ne peut jamais être un dû, mais il doit toujours être considéré comme un don reçu de l'amour.

Il est vrai que la Bible nous révèle l'immense souffrance de la stérilité, ressentie d'abord par les femmes, comme Sarah l'épouse d'Abraham, la mère de Samson, Anne, la mère de Samuel, Elisabeth la femme de Zacharie. Il faut aussi entendre le cri de Rachel à son époux Jacob : « Fais-moi avoir des enfants ou je meurs » (Gn 30, 1). Dieu répondra à cette souffrance en donnant à ces femmes des enfants exceptionnels marqués par la grâce divine, pour devenir juge comme Samson, prophète comme Samuel, père du peuple choisi, comme Isaac, rédempteur de son peuple, comme Joseph ou encore « le plus grand des enfants des hommes » comme Jean le Baptiste.

Dieu veut signifier ainsi que la fécondité est bien plus que la réalisation naturelle de la transmission de la vie. C'est une vocation divine qui ouvre à accomplissement d'une dignité qui n'est pas seulement auto octroyée, mais d'essence divine. Cela, bien sûr, atteindra son acmé avec la Vierge Marie qui enfantera par l'Esprit Saint Celui qui élèvera l'homme jusqu'à Dieu puisqu'il est lui-même Dieu venu habiter notre humanité.

On voit ainsi que les enjeux de la PMA vont bien au-delà d'une réponse technique et pragmatique qui comblerait un manque ou une frustration. Lorsque Abraham prendra Agar, la servante de sa femme pour lui donner un enfant, cela correspond seulement aux lois mésopotamiennes, puisque Abraham est de Ur en Chaldée. Mais Dieu lui fera une promesse : « c'est de la femme que tu aimes que tu auras une descendance selon mon cœur ». Alors que Sarah était très avancée en âge, elle enfantera Isaac. Dieu apprendra ainsi à l'humanité que la fécondité véritable ne peut être qu'un fruit de l'amour dont nous savons par le Christ « qu'il n'en est pas de plus grand que de donner sa vie pour ceux qu'on aime ». La fécondité naturelle est le signe organique d'une fécondité spirituelle qui ouvre à la Vie en abondance (Jn 10, 10). C'est le sens même du « célibat pour le Royaume ».

C'est ainsi que l'homme correspond à sa vraie dignité où se reflète véritablement l'image de Dieu.

La formation de la conscience par une éducation ajustée, comme celle du scoutisme où l'éduqué participe volontairement à son apprentissage, est une nécessité permanente qui prend tout son relief aujourd'hui dans une société que l'on dit « liquide » parce que sans fondement solide.

L'auteur nous montre ainsi que la PMA n'a pas seulement pour objet de combler une frustration légitime, mais doit considérer aussi celui ou celle qui va naître dans ces conditions particulières. La façon dont on est conçu impacte nécessairement la conscience de soi. La question posée concerne la relation dont nous sommes issus. Est-elle véritablement humaine ou non ?

Je remercie le Père Youssouph Stev Youm de nous conduire à dépasser le simple consensus, sans doute bienveillant, mais peut-être un peu trop superficiel.

Il nous a ouvert à une « éthique de la responsabilité » qui se fonde sur une liberté éclairée où se révèle la véritable dignité de l'homme.

+Michel Aupetit
Archevêque émérite de Paris
Membre de l'Académie Pontificale pour la Vie

BIBLIOGRAPHIE ET WEBOGRAPHIE

OUVRAGES

AVOY, J. Mac, *Pour mieux aimer*, B.P., Paris, 1959, 233pp.

Belanger R., et Plourde S., *Actualiser la morale*, CERF, Paris 1992, 512pp.

BENOIT XVI, « Aux participants au Congrès promu par le Parti Populaire Européen (30 mars 2006) »

DUTEIL A. et Sarazin S., *Un amour qui donne la vie*, Corlet, Paris, 1984

FILION E., *Eléments de philosophie thomiste*, Monréal, 1940, 574pp.

HABERMAS J., *De l'éthique de la discussion*, CERF, Paris 1992, 204pp.

HABERMAS J., *L'avenir de la nature humaine vers un eugénisme libéral ?* Gallimard, 2002, 180pp.

JONAS H., *Le principe responsabilité. Une éthique pour la civilisation technoscientifique*, traduction de Jean Greish, CERF, Paris, 1997, 336pp.

J. Paul II, Audience du 1er décembre1999 : D.C 2217 (2000).

KAHN A., *Et l'homme dans tout ça ?* Nil, Paris, 2001, 375pp.

LEGRAIN M., *Le corps humain, du soupçon à l'évangélisation*, le Centurion, Paris, 1984, 279pp

LEVINAS E., *Ethique et infini, dialogue avec Philippe Nemo*, Fayard, Paris, 1993, 143pp.

LEVINAS E., *Totalité et infini, Essai sur l'extériorité*, livre de poche, Paris, 2015, 347pp.

MINTOUME S.C., *L'éthique comme philosophie première ou la défense des droits de l'autre homme chez Emmanuel Levinas*, Harmattan, Paris, 2011, 73pp.

MORIN E., *Science avec conscience*, Fayard, Paris, 1992, 319pp.

NIETZSCHE F., *Ainsi parlait Zarathoustra*, I, Œuvre philosophique complète, VI, Gallimard, Paris, 1971.

RATZINGER J., *Problèmes doctrinaux du mariage chrétiens*, Centre Cerf-aux-Lefort, 1979.

SIMON R., *Ethique de la responsabilité*, CERF, Paris 1993, 354pp.

THEVENOT X., *La bioéthique, Début et fin de vie,* Centurion, Paris, 1989, 125pp.

THOMAS L.V et Luneau R., *Les sages dépossédés,* Robert Laffont, Paris 1977, 307pp.

VERNET M., *L'homme maître de sa destinée. Éthique et biologie*, Bernard Grasset, Paris 1956,

ARTICLES

CHAPOUTHIER G., « Ethique biologique et médicale », in Encyclopédie des termes philosophiques, pp132-136.

De LOCHT P., « Créativité et responsabilité humaine », in Lumière et vie, procréation et acte créateur, n° 187, vol. XXXVII, juillet 1988, pp.5-16.

DOBZHANSKY T., « L'humanité a-t-elle un avenir ? », in La Recherche, n° 331, mai 2000, pp24-26.

JEAN PAUL II, « Discours à 3000 médecins », in Documentation Catholique, 1980, n°1796.

MORETTI J.M., « Procréation : nouvelles techniques », in Etudes, décembre 1984, n°6, pp.609-617.

NDONGMO M., « La dette : moteur de socialisation en Afrique noire », in Cahier de l'UCAC n°12, Yaoundé, 2011, pp.57-74.

SITES WEB

http://www.espace-ethique.org/ressources/intervention/essai-de-généalogie-de-la-responsabilité

www.initiative-ethique.fr

www.scout.org

http://www.leconflit.com/article-dette-fondamentale-dette-primordiale-122397722.html

http://www.cvm.qc.ca/encephi/CONTENU/ARTICLES/relatif.htm

http://www.cvm.qc.ca/encephi/CONTENU/ARTICLES/contrel.htm

TABLE DES MATIERES

Printed by Books on Demand GmbH, Norderstedt / Germany